ジュ】

ケアの倫理

ネオリベラリズムへの反論

ファビエンヌ・ブルジェール 著
原山哲／山下りえ子 訳

白水社

目次

日本語版への序文

フクシマの後、私たちの世界は同じではない

かつてないほど、私たちは「ケア」(care)の倫理を必要としている。人類はみずからの弱さをますます自覚しているが、他者へ関心をもち、他者に配慮する実践を展開することが、共に生きること、社会をつくる仕方を考えることになる。万人の万人にたいする競争、とどまることのない金融投機の資本主義において、どうしたら、自分だけに閉ざされず、他者と共に生きることができるのだろうか？ 日本やヨーロッパ諸国のように高齢化が進んだ社会では、どのように高齢者を「配慮する」ことができるのか？ そして、二〇一一年三月の震災以降の東日本において、これまでの生活の土地を離れ避難を余儀なくされた人びと、近親者を失った人びと、将来の見通しに難しさを抱えている人びとに、どのように「配慮する」ことができるのか？

「ケア」の倫理の議論は一九八〇年代にアメリカ合衆国で開始された。それは、生命、社会、経済、環境の異なる領域を交錯する問題に関してであった。その議論は、女性たちが道徳について男性とは異なる考えかたをすることに留意しつつ、これまで軽視されてきた「ケア」に焦点を置いたのである。

新生児、子供、高齢者は、だれが世話してきたのだろうか？ それは、とりわけ、女性たちであったし、いまも女性たちである。職業の活動と家庭での仕事との二重の負担を、ほかに、だれが引き受けるだろうか？

「ケア」の活動は、これまで、主として家庭での私的なこととされ、社会的承認をえられなかった。看護は、英国のフローレンス・ナイチンゲール、フランスのレオニー・シャプタル(1)（Léonie Chaptal）の努力によって職業として確立されるようになった。

（1） 十九世紀後半のイギリスのナイチンゲールと同様、二十世紀初頭のフランスで看護の職業教育の確立に努めた〔訳注〕。

「ケア」の倫理は、とりわけ身体にかかわる仕事での具体的な状況において、心づかいと結びついている。その実践は、女性の道徳であるとされてきた。道徳は、どんな人間にとっても同一であるはずなのだが、ひっそりと性別の次元が形成されてきた。しかし、世話をする人びとの配慮の実践は、経済活動として成立する。その場合、特権的地位、権力の中枢にいる人ほど、その多くは男性であるが、配慮することにかかわらずに、他の人びと、女性に委譲してきた。

それゆえ、「ケア」の倫理は、ジェンダーの問題にかかわっている。「ケア」は、男性・女性という性役割分業によって確定されるべきではない。「配慮する」ことにおいては、人と人との関係だけでなく、どのように将来の社会を形成するかが問題となる。弱さをもち依存状態にある人びとに付き添い、その人びとを援助し、保護する行動を、どのように政治の課題としたらよいのか？

「ケア」は弱さをもつ人びとにむけられる。人間の弱さとはなにか？　私たちのだれもが、弱さを経験する。それは、誕生のとき、老いるときである。それから、病気、離婚、失業のときである。さらに、戦争、震災などの危機のときの被害である。

東日本大震災は、この意味で、人間が脆弱であることを示す。全人類が、この地域の惨事に傷ついている。個々の生命は、自身だけでは、もはや完結できない。個人であるためには、支える救援、援助、政策が必要なのだ。すなわち、他の人びとが、配慮する任務を引き受けるのだ。

フクシマの後、人びとは、これから、どのように生き延びるのか？　他者に依存しないという自律した個人の幻想は放棄すべきであろうし、国家中心による行政の合理主義のみによっては難しい。

フクシマの惨事が人びとの絆を破壊しても、他者を「配慮する」行動によって、取り戻すことができる。その配慮の組織には、国家も関わるだろう。個人が一人で存立できるというのは危険なフィクションである。個人の自己実現には、他の人びとの支えが必要なのだ。「ケア」の倫理は、さまざまな支えを主張するだろう。

東日本大震災は、医療機関をはじめとして、ケアのネットワークにおける断絶をもたらした。このような状況において、本書の訳者、原山哲が指摘しているように、高齢者をはじめとする人たちのために、地域に応じたケアが重要となるだろう[1]。

(1) Bridge Lilies, « Community Care, 22 months after the catastrophes », http://forum-bridge-lilies.blogspot.jp/

「ケア」の倫理は、関係する人びとの具体的なコンテクストにおける価値の実現にかかわる。人びとの生命、経験、そして人びとの実践は、単に制度、規則のみに依拠しているわけではない。人間は、関係的で、相互依存している。生きること、それは、適切な制度や規則の既存の枠組みが存在していないことを声にすることではないのか。そして、だれもが、責任の共有という倫理の重要性を声にすることではないのか。

フクシマは日本の未来であり、核エネルギーの使用に巻き込まれている国々の未来だ。未来を展望するには、当事者の人びとの惨事を認め、向き合って話を聞くことだ。このような他者への配慮が、広い意味で民主主義の社会においてめざされる。本書『ケアの倫理』は、「配慮」することとの人間関係に焦点をおいた分析であるが、人びとが生きる環境についての倫理へと敷衍できるだろう。フクシマの後、一つの問題が生まれる。どのように、環境、土地、海を「配慮する」ことができるのだろうか？　どのように、太平洋の膨大な海水を保全することができるのだろうか？

ファビエンヌ・ブルジェール
フランス・ボルドー・モンテーニュ大学／哲学教授

序論

キャロル・ギリガン（Carol Gilligan）は、自身の著書『異なる声』で、女たちは男たちと違う形で道徳について考えるのだと述べた[1]。そのとき、彼女は、男女の性別分業を道徳にまで適用しようとしたのではない。そうではなくて、彼女は、ほとんど隠され、議論されないままにされてきた概念、「ケア」を明るみにしようとしたのである。すなわち、「配慮すること」が女たちに任されていること、それは、隠され、議論されず、さらに、無視されてきたのである。

（1）巻末参考文献【1】。

重要な点は、これまでの道徳の境界の果てに、新たな道徳生活の経験の可能性を問うことであった。その経験は、必ずというわけではないが、たいていは女たちが当事者であり、それについて少なくとも彼女たちが証言者であるだろう。すなわち、新たな声が現われて、人びとに白日のもとで一つ問題が議論されることを要求する。それは、哲学的、心理学的、社会学的、政治学的な問題、すなわち「ケア」のことなのだ。

この問題こそは、私が、本書で、論じようすることとである。すなわち、「ケア」する態度、他者への関心、「配慮すること」、「相互に配慮すること」、心づかい、他者を心配すること、それらによる社会的絆の問題を、これまでとは異なった新しい仕方で論じようと思う[1]。

(1) 原著者、F・ブルジェールの議論において、「心配」(souci)、他者への「心配」(souci des autres)の概念は、それぞれ、ハイデガーのSorge, Fürsorgeに対応する。それは、世界における人間の「存在の緊張」を示唆している。そこから、他者への「配慮」(soin)が必要とされるが、より複合的な「配慮」は、P・リクールの「心づかい」(sollicitude)の概念に対応する。Fabienne Brugère, Le sexe de la sollicitude, Paris, le Seuil, 2008, pp.61-70. また、本書、第一章、Ⅷ参照。なお、身体的な援助など具体的な行為については、「世話」(複数形soins)とした〔訳注〕。

こういった「ケア」の行動は、慣行、組織、制度に依拠しているが、しかし、他方、人びとの弱さと人びとの関係性とを結合する新しい人間学を創出する。その人間学は、依存と相互依存という二つの面を含んでいる。新しい人間についての概念は、個人主義の問題、その望ましくない前提を明らかにする。だから、「ケア」の倫理の議論が、レーガンが大統領だったときのアメリカで現われたのは偶然ではない[1]。そこでは、企業家としての個人が称賛される。それは、自動調整される市場の社会で、つねにより多く所有することに関心を持っている個人である。しかし、ある人びとの市場の制覇は、その他の人びと、女たちをはじめ、稼ぎ手を必要とする人たち、そして移民たちが、配慮の仕事(子供、高齢者だけでなく、企業家としての個人も配慮されることを必要とする)に従事するからこそ可能なのだ。さらに、新たな形態の弱さが生じてきていて、現在の社会状態を変革する必要があることに気づくべきなのだ。それは、ひろく、生命、社会、環境にかかわることだろう。

（1）フランス語の「配慮」（soin）を意味する英語の「ケア」（care）の用語が本書で用いられている。それは、ギリガンをはじめアメリカのフェミニストが、レーガン大統領の時期に開始される市場中心の社会転換（ネオリベラリズム）を批判し、「ケア」を基軸とする社会を主張した経緯を重視するからである〔訳注〕。

そこで、新たな社会集団の出現、また個々人の新たな形態の搾取が分析されなければならない。したがって、本書では、次の主要な二つの点を示すことにする。

第一に、隠されるか、遠慮がちに言及されるしかなかった配慮の仕事は、経済活動にとって絶対不可欠の条件として承認されなければならない。リベラリズム、ましてネオリベラリズムは、配慮の仕事なしに存在可能ではない。配慮の仕事に従事する人びとのおかげで、他の人びとが市場支配の競争に専念できるのだ。

「ケア」の倫理は、地位を低いままにされてきた配慮の仕事の承認を要求し、女性と男性との相補性を再検討することを提案する。一方における声のない私的なこと、他方における公的なこととのさまざまな分割の現実は、私的なことが無視されてしまい、男性と女性との相補性が完全に正当化されることにはならなかった。

だが、相補性を問いなおすことだけに、とどまっていてよいのか？　第二に重要なことは、もっと先への一歩を踏みだすことはできるのではないか？　留意すべきは、私的なこと／公的なことの相補性を問うだけではなく、もっと根本的に、その基底を問うことではないのか？　つまり、配慮の仕事、配慮それ自体を配慮すること、配慮を提供する制度について明らかにすることは、それらが適切に承認されることを要求するだけではない。それは、他者への関心、社会的責任という、より広い視野での問題を展開することになる。それは、個人の成功は、他者や集団について心配せずに、自己自身の企業家となる能力しだいであるという社会の在り方自体を問うことだ。

「ケア」は、新しい知性の枠組みを要求する。私的なこと／公的なことの伝統的な分割が前提としている社会（それは家父長制の社会である）のなかには安住できない。事実、社会や、その規範を根底から問うことによって、ネオリベラリズムの成立する条件の政治の働きを問うことができる。

このような問いは、従来の哲学より、比較にならないくらい生き生きとした、新しい哲学となる。私は、この哲学を、「ケア」の倫理の三つのレヴェルにしたがって、明らかにしたい。第一は、「ケア」の声、およびジェンダーの不平等（第一章）。第二は、弱さと依存を「配慮する」こと（第二章）。第三は、個々人の保護、および男女の実質的平等の促進のための新たな体制を実現する政策（第三章）。「ケア」の倫理は、ネオリベラリズムによる地域の乱開発ではなく、その理論的、実践的な変革にかかわる。以上のことが、私が確信をもって示そうとすることである。

このような倫理の基礎は、人間が関係的存在であり、既定の道徳の客観化された秩序に対抗する存在であるということだ。同時に、最近に生成しつつある倫理は、感情から切り離されない知性に基づいて形成される。その倫理は、さまざまな方向をとりうるだろう。すなわち、多かれ少なかれ政治的であったり、フェミニストであったり、ネオリベラリズムに批判的であったりする。それゆえに、単一の「ケア」の倫理だけでなく、さまざまな「ケア」の倫理に言及しなければならないだろう。

本書は、「ケア」の倫理への導入書である。このように考えて、本書の議論においては、まず、「ケア」の倫理の発祥のアメリカでの基本的な著書を検討することを優先し、そのフランスにおける受容については二次的な考察にとどめている。

第一章　「ケア」の主題／女たちの声

ケアの倫理の出現は、新しい道徳の発見である。この新しい道徳を表明する声を認めなくてはならない。この世界は、他者の幸福について「配慮」し、それに責任感をもつことを表明し、承認するための適切な言語をもちあわせていないのであるから。

さまざまな配慮の仕事をすることで、他者への関心、責任、相互援助といった、社会に好ましい行動や心の発達をもたらす。すなわち、配慮の仕事は、個人の私的利害や閉ざされた自我しか考慮しない人間の心理に対抗する。

「ケア」の理論は、他者への関心によって形成される関係の倫理として考えられる。どんな人間も、自分だけでは完結できない。個人は、根本的に弱く、お互いに依存している。個人は、人生のある時期において、保護され、発達できるよう援助され、あるいは依存状態に対応してもらう、という関係にみずからを委ねなければならない。だが、その関係は、重要視されず、見過ごされてしまう。

このような道徳の問いは、ジェンダーの不平等にかかわる事実から出発する。女たちは男たちと同じように道徳の問題を考えない。この事実は驚くべきことだろう。これまで、道徳は普遍的であり、このような男女の相違はないものと考えられてきたのだから。要するに「ケア」の倫理は、家父長制の、男性中心の権力が課した多数派の道徳を理想とするのを止めようと提案する。「ケア」の倫理は、これまでの発達心理学、すなわち人生における年齢とともに成長する心理についての研究を問題にする。「ケア」の倫理は、これまで封じられていた道徳の声をはっきり表わそうとする。その声は、心的生活が道徳的超自我によって統制されていても、日常での決定のためらいや、ものごとを断定することの難しさがあると表明する。

重要なことは、このような女たちの声を舞台に登場させ、道徳の境界を変えることだ。多くの女性たちにとって、「道徳的な人とは、他者を助ける人である」。善意とは、援助をさしのべることであり、他者への義務と責任を果たすことである[1]。どのようにして、援助という善き生活の立場は、これまでの発達心理学の道徳理論と折り合うことができるのか。その発達心理学の道徳理論は、偏向のない現実に超越した意志と行動とに依拠する道徳こそより高次のレヴェルであると位置づけていたのだ。

（1）前出参考文献【1】、一〇九頁。

具体的な援助関係を基軸とし、反知性的ともいえる「ケア」の倫理は、一九八〇年代のレーガン大統領のときのアメリカにおいて生まれた。新たな金融資本主義のメカニズムを優先して、フィラデルフィア宣言、ブレトン・ウッズ協定、国際連合の設立を継承する福祉国家は頓挫した[1]。このとき、ささやかではあるが、「ケア」の論理は、配慮の仕事の心理的負担、その不可視性、配慮の仕事が道徳の発達において低く位置づけられていることを考察するなかで、論じられてきた。より一般的に言えば、「ケア」の論理は、人間の絆は市場の交換には還元できないと主張する思想の流れにある。市場に還元できない、この人間の価値の復権は、「社会問題」を問うことによって、その心理的、道徳的基盤を問う。

（1） 巻末参考文献【2】。

I　他者への関心：もう一つの道徳心理学

「私的なことは政治的なこと」というスローガンを掲げるフェミニズムに依拠しつつ、「ケア」の論理は、多数派の声を批判する。多数派の声とは、しばしば男性の道徳的思考であり、原理、すなわち具体的ではない価値の集合から成り立っている。それに対して、「ケア」の論理は、もう一つの少数派の声であり、女性の経験、他者への責任の感情に存在していて、「配慮する」こと（caring）に訴える。

一九八〇年代、この主題に二つの異なる理論が取り組んだ。一つはキャロル・ギリガンの『異なる声』（In Different Voice）（一九八二年刊）であり、もう一つはネル・ノディングス（Nel Noddings）の、『ケアリング』（Caring）（一九八四年刊）である。ギリガンの倫理の議論は、その当時の状況を明るみにし、社会科学の進展を推し進め、「ケア」の概念をめぐって、フランスにおいても政治的議論を引き起こした。

他方、ノディングスの理論的志向は、女性のある種の自然主義、すなわち母性に根ざした配慮の規範に依拠する。この第二の志向は、「ケア」のメッセージを混乱させてしまった。それは、あらためて、女性の本質、アイデンティティは母性に根ざすとされ、女性の仕事とされた配慮をとおして形成されると人びとに信じさせることになってしまった。この第二の志向の主張は、女性とはなにかという本質論による議論であり、せいぜい「ケア」についての虚偽意識を提示したにすぎない。その場合、「ケア」の倫理は、男性と女性との相補性という考えを展開することになって、女性は母性の感情の伝統的領域に結びつけられ、母親という位置に限定されてしまう。この「ケア」の倫理は、このような保守的な社会政治理論の主張に閉じ込められ、女性の位置は、母親、および母親の教育に結びつけられてしまう。

II 「ケア」は母性ではない

ネル・ノディングスは母性主義の代表者である。彼女は教育問題の専門家として女性が行なう世話における倫理の利点を強調する。それは、男性の道徳に対立する。男性は、愛や正義を、日常生活の必要から解放された非人格的世界にむけるというのだ。[1] また、彼女は『ケアリング：倫理と道徳教育へのフェミニストのアプローチ』(一九八四年刊)(*Caring: a Feminist Approach to Ethics and Moral Education*, 1984)において、配慮の倫理的性向は女性の徳に根ざし、配慮の態度(caring attitude)は母親と子供との関係をモデルに形成されると主張する。母性は、配慮という社会的協同の基底としての生物学的・心理学的経験として理解されている。出発点は、感情の自然なものとしての倫理、つまり他者を配慮することの倫理を主張することなのだ。この倫理は、他者の話を聞くこと(受容)、他者と関係すること(関係性)、そして他者に関心をもつこと(応答)にかかわる。このようなノディングスの道徳理論は、合理主義で男性主義の哲学的伝統の道徳理論の裏返しであり、他者への心配の倫理的理想を母性という女性の道徳的経験に閉じ込める。

(1) 巻末参考文献【3】、一八頁。

ネル・ノディングスは、女性が母親となることを理論展開の基軸にすえる。配慮、他者への関心の価値は女性の価値とされる。その価値は母性愛にかかわる女性の偉大な道徳的感情を表わす。出産、そして母親となることが重要なのだ。女性は母性の価値を実現するロボットであり、その価値は女性の本質とされるから、このイメージから外れる女性は、女性として考慮されない。こういった女性の価値を主張することは異性愛を前提とすることなしにはありえない。

このように配慮の関係を記述することは、道徳の自然主義をめざす愛の倫理のなかに埋め込まれている。配慮をする態度は他者を受容する態度であり、その態度が感情移入を可能とする。そして、配慮が自然なこととして他者の立場にたってなされるとされる。すなわち、配慮の関係は、配慮を受ける人の依存する生命にたいして、配慮する側の人が権力を行使する関係とは考えられない。

配慮の価値を再評価することの利点は、配慮についての伝統的な支配関係を批判し、より平等な関係を探求できるからだ。しかし、他者への配慮を、女性の自然な徳とし、そこから愛の倫理を引き出し、規範とみなすことは間違いだ。配慮の心理学的記述は、その事実を明らかにしている。すなわち、責任の負担が過大であること、矛盾する諸条件からの緊張、愛の倫理にしたがう他者への配慮に疲れてしまうことがあるのだ。

配慮する人が、配慮を受ける人から、反応を期待するなら、配慮は相互承認である。さらに、配慮の関係は、よりよい世界を要求することであり、配慮のネットワークが人びとの記憶とともにつくられていく。感受性、そして記憶が、倫理的態度を形成する。それは、配慮する女性の自然なものとされた性向であるどころか、日常において形成される活動を必要とする。配慮は、女性の性向によるとされるのではなく、配慮を享受する人への関心による繰り返される仕事なのだ。配慮についての理論が、あらゆる支配に対抗する非暴力の倫理の構築を理想とするのであれば、関係性、他者への心配にかかわる存在は、第一に女性たちだという主張は議論に値する。

女性たちが具体的状況から道徳的問題を考えるのは、ネル・ノディングスが書いているように、疑いのないことなのだろうか?(1) なぜ、女性たちは平和な関係に関わり、男性たちは攻撃の応酬に関わるのだろうか？　こういった疑問にさらされても、女性的なものの特質は自然なものとされるのだ。いかにして、女性たちは、公共領域に関わることで社会的世界を残酷ではないものとしようとするのか。男性と女性の政治での代表の比率は変わらず、その支配の関係は変わらないが、女性たちは道徳教育の主体であり、女性たちが提供している世話は道徳教育の重要な要素である。女性たちは、他者との関係にむけられた道徳の形成と伝達にかかわっている。

（1）前出参考文献【3】、二三頁。

以上のようなネル・ノディングスの「ケア」のモデルは、カリカチャーになってしまう。第一に、そのモデルは、近親者の配慮、家族生活の維持、自己犠牲による他者への配慮という女性のイメージだ。だが、第二に、そのモデルは、女性は社会において前進せず、後退してしまう。性役割分業の思考を脱構築することこそが、「男性／女性」という疎外されたカテゴリーを乗り越える必要を知らせてくれる。(1)女性の自然モデルは、女性を、再び、不明確なアイデンティティのなかに閉じ込めてしまう。

（1）巻末参考文献【4】。

この自然モデルが、女性たちを公共の場から遠ざけてきた。このモデルは、支配される女性を自然なものとする政治戦略にかかわってきた。このモデルは、女性を女性の自然という本質に閉じ込め、「ケア」における女性の解放の闘いという要素を見失う。母性的であり、母性を実現する女性というモデルは、女性から、男性との平等な解放の可能性を奪う。サラ・ルディック（Sara Ruddick）も、「母性的思考」

は内省、洞察、情動であると指摘したが、女性解放に対立する偏見にとらわれている。[1]

（1）巻末参考文献【5】。

だが、母性の思考は、知的世界の論理的理性の支配に対抗する。家族の領域では、弱者への配慮、保護と配慮、さらに、母親に帰属される情動の関係が、位置の差異による不正義、権威の乱用に対抗しうる。正義の理論は、家族は私的領域であるとみなしているので、子供のように弱者であり成長途上にあるような構成員をふくむ社会の単位での感情や愛情を認識しようとしない。正義の理論は、両親と子供、また父親と母親との非対称的関係を認識しようとしない。なぜ、母親の理想的な愛情の行為を明確に推進するような家族政策が考えられないのだろうか。愛情の関係や弱者の保護における女性の活動は、家族における暴力を抑制できるのではないか。家族は、人びとの基本的平等という正義の道徳的理想の外部にあって、家父長制に閉じ込められている。しかし、ルディックは、女性は、強い男性と弱い女性という関係での社会的暴力を抑制できると考えている。

ルディックは、ノディングスより説得力ある議論をしている。彼女は、道徳における性別自然主義にとらわれていない。いかにも、家族という場は私的領域ではなく、公的かつ私的な関係の場なのだ。そのように考えるなら、制度を回避する権力による関係での支配を考察しなければならない。

しかし、暴力的な男性の思考に対抗して、平和と共存という母性の思考について構想することができるのだろうか。公的領域と私的領域とは相互に結びついていて、権力関係は日常的な活動のただなかにある。母性の思考とは、沈黙を強いられ、みずから暴力に訴えることのできない、支配されてきた女性たちの声なのだ。

母性や母性の価値に関する「自然」や「女性の思考」なるものを批判的に考察するなら、「ケア」の倫理は、性の相違をステレオタイプで考えるような権力や家父長制の関係を回避して、配慮や教育の理想を形成できるだろう。つぎに取り上げる、自然主義による規範に依拠しない「ケア」の理論は、プラグマティックな道徳、具体的状況についての心理学を主張し、道徳哲学の個別主義への転換に位置づけられる。母性の自然主義の思考に依拠しても、女性たちが世界の性別の相違と性別の規範に従属している問題に、変革をあたえることにはならない。

Ⅲ 女性たちの不明確な声

キャロル・ギリガンの主張は、母性の自然主義とは全く異なる。彼女は、「ケア」の理論を、フェミニストの理論、そして、道徳哲学の普遍主義から個別主義への転換のなかに位置づけた。『異なる声、ケアの倫理』において、キャロル・ギリガンは、女性の道徳や、女性の母性の役割について主張したりはしない。彼女にとって、問題なのは、男性と異なった、望ましい感情に由来する女性の道徳を考えることではない。彼女の目的は、道徳の基盤それ自体を問題とし、他者を心配することに根ざしている実践、その多くは女性によって実現されてきたがゆえに過小評価されてきた実践を明るみにしようとすることだ。

フェミニストであることは、聞かれなかった声を聞こえるようにする必要から始まる。それは、男性支配と、その道徳規範とに対して、声の平等という倫理を考えるためである。ギリガンは、ピアジェとコールバーグ[1]の道徳の発達理論の方法論的問題、すなわち女性の排除を批判する。二人の心理学者によれば、女性は抽象的思考を欠き、道徳の完成による規範にまで到達できない。この規範は、個人の自律、および行動を合理的に正当化する能力によって形成されると考えられる。

コールバーグは、道徳の問題の状況を偏りなく評価できる自律した自我の態度を重要視する。その態度こそ、女性よりも男性において獲得されることが、調査をとおして明らかにされる。道徳的ジレンマの領域（複数の道徳的価値が対立する状況）において、コールバーグは、女性は自分の行動の選択を正当化できないが、男性は自分の行動の理由を説明できると結論づけた。コールバーグの調査によって到達した結果を、ギリガンは検討する。ギリガンは、発達理論の研究者が男性中心のイメージにとらわれている誤謬を明らかにしたのである。ギリガンは、コールバーグが、次に示すような二つの道徳規範の対立の解決の論理に固執していることを指摘している。

（1）Lawrence Kohlberg, アメリカの心理学者、一九二七〜八七年〔訳注〕。

明する。コールバーグは、ともに十一歳になるエイミーとジャックとが、どのような道徳的発達を示すか、解明する。コールバーグは、二人の子供たちに、次のようなジレンマを解決するよう質問する。「ハインツという一人の男性がいて、彼は、自分の妻の命を救うために、薬を盗むべきか、盗んではいけないか、自問している[1]」。ジャックは、躊躇なく、「ハインツは、薬を盗むべきだ」と答える。ジャックは、ジレンマは財産権と生存権との対立であると考え、後者を優先し、夫は、法律に反して刑務所に入ってもよいと結論づける。ジャックにとって、道徳問題を解決することは、人間の問題を数学の問題を解くように処理することだ。コールバーグによれば、ジャックのような男の子は、道徳の発達において、個々人の欲求充足の第一段階から第二段階を経過して、第三段階から第四段階へと進んでいる。すなわち、社会慣行の正義の原則を、理性的に受け入れる自律性が生成している。自律した個人の平等と相互の関係という、正義の道徳的理解の上位の段階なのである。

（1）前出参考文献【1】、四九〜五〇頁。

女の子、エイミーの結論は異なる。コールバーグによると、彼女は、論理を欠いていて、規則の体系に基づいて考えることができず、道徳問題を、人間関係の物語のように考えてしまう。女性の生命は、人道主義の視点から考えられるべきなのだ。薬剤師にとって薬をあげることは、たいしたことではない。夫婦を悲劇に陥れるよりは、生命を救うことのほうがよい。エイミーは、ハインツは薬剤師に話して、緊急の事態であること、それに対応してもらうよう依頼すべきだと考える。コールバーグの考える段階論からすると、エイミーは、道徳の発達における第二段階から第三段階のあいだに位置づけられる。彼女は、人間関係を素朴なままに信じていて、道徳を論理的に検討し、正義の概念から考えることができない。

ギリガンは、問題なのは、コールバーグの研究方法なのだと考える。エイミーは、道徳は論理の事柄であるというコールバーグの前提を覆している。エイミーは、問題を別のやりかたで解こうとし、どうしたら、ハインツは、自分の妻の必要に応えるべきか、妻のもとにとどまり、刑務所に入らずにすむか、と考えるのだ。「エイミーの世界は、ハインツのジレンマについてのコールバーグの世界とは異なる。」エイミーの世界は、さまざまな人間関係と心理の世界なのだ。それは、個々人の関係を意識して、他者への責任を認めること、他者の必要に応えることを認める世界なのだ。[1]

（1）前出参考文献【1】、五七頁。

エイミーとジャックは同じ世界に生きていない。二人の述べる言葉から、道徳の序列を考えてはいけない。ギリガンは、二つの道徳類型の差異を考えなければならないと言う。彼女は、『異なる声』の第一章で、女性の位置は、男性の立場からみれば、不確実で、消されてしまうと述べている。男性の行動は規範となり、女性の行動は逸脱とみなされる。

コールバーグにとって、上位の道徳は男性の論理のなかにある。だが、ギリガンによれば、女性は、責任の共有と人間関係の理解とを中心に、道徳の問題を考えようとする。このような道徳は、他者の幸福、および相互援助に関わる。それに対して、コールバーグの道徳の概念は、普遍的、合理的で、すべての人間にあてはまるという、男性中心の思考を前提に権力と知との関係を考える。発達理論が、男性の判断の仕方が女性のそれよりも適切であるとするなら、他方、ギリガンは、女性の声の道を開く。ギリガンは、ジャックとエイミーの差異を序列化するのではなく、倫理の二つの類型を記述しようとする。正義による倫理と「ケア」による倫理である。第一の倫理は、法の主体に準拠し、感情を切り離して成長する個人に準拠している。そうすると、第二の倫理は、無視されてしまうのだ。だからこそ、他者への責任の強い感情に依拠する倫理を明るみにしなくてはならない。女性たちは、自分たちの判断を認めさせる権力と力を欠いているという意味で、いまなお弱者なのである。

Ⅳ　どのように自分を見失わずに他者にかかわるか？

ギリガンは、男性中心の権力／知の実践に対抗して女性たちの声を提示する。彼女の著書で、中絶の問題を論じた二つの章は、女性たちが意思決定する場で、女性たちの声を聞くことが考察される（避妊の事例も論じられている）。中絶は、女性の声の対立、自己と他者との対立、自律性と他者への関心との対立である。どのように、女性たちは、中絶を決定するのかを知れば、他者への心配である「ケア」が重要であるような、後戻りできない困難な選択のとき、どのような進展がみられるか理解できるだろう。ギリガンは、中絶の問題を分析して、女性たちが、どうのようにして、困難な状況で、他者への責任をやりとげるのか、心配としての「ケア」を実現するのかを示そうとしている。[1]

（1）巻末参考文献【6】、一一二～一一五頁。

中絶において、女性は、自分の状況をよく自覚して、自分で決めることができなければならない。女性の自己決定を妨げる要因は、すべて取り除かれなければならない。第一に、女性の側の自分のニーズをめぐるエゴイズムがある。第二に、「ケア」の他者を配慮する慣習がある。後者は、自己犠牲としての「女性の善意」であるが、女性として強要される。後者においては、他者への心配は自己自身への心配から切り離されると、女性の心づかいの声は押し殺されてしまう。

多くの女性にとって、中絶とは、母性に依拠する女性であることを否定することだ。中絶を決定することは、自分自身と女性であることとの対立、そして、他者への心配の慣習と道徳との対立である。それゆえ、女性であることは、家庭の領域と公共の領域との分割のありかたによって、さまざまなのだ。他者への関心についてみるなら、「保護の自覚」という表現によって保護の役割が社会的に構築されるということが無視されてはならない。

ギリガンが行なったインタビューは、女性に強要された女性であることから脱出するよう援助する。女性は自分の問いをフェミニストとしての倫理的問いとする。すなわち、私は、どのように、自分の人生を生きるのか？　と。中絶の決定の際は、医師だけでなく、その状況にかかわる専門家に相談しなければならない。その状況は、女性自身の弱さの状況であるから、女性自身がさまざまな専門家に相談する（一人で生きるかカップルで生きるか、仕事を続けるかどうか、パートのような仕事にするか辞めるか、などの問題がある）。

中絶の決定は、女性の臨床の過程で、自分の状況を自覚する力、相互関係のネットワークで考える力が必要である。それは、心づかいの性とされるジェンダーにかかわる道徳主義の判断に対立して、自己を物語る対象とする。「ケア」の倫理は、自己の放棄という考え、善良な愛他主義から決別し、女性の自己を積極的に表現する。その自己とは、さまざまな対立、女性についての慣習的な見方にもかかわらず、決定する自己なのだ。「ケア」における自己とは、他者から切り離された自己中心主義の自己ではなく、相互に依存しあう目覚めた自己だ。女性は、以上のような経験をとおして、その経験が自己の完結性をおびやかすことがあっても、自己を形成する。道徳の言語は、このことから発展する。道徳の言語は、他者に害をもたらさないだけでなく、さらに「他者の幸福の倫理」[1]を肯定する「ケア」を包摂するだろう。その道徳は、自己と他者との相互依存、責任の意識と他者への関心との一致を実現することになる。

（1）前出参考文献【1】、一二三頁。

ギリガンは、コミュニケーションの力を素朴に信じ、誰も傷つけないような対立の解決策を主張していると誤解されるかもしれない。しかし、彼女の視座（パースペクティヴ）は、「ケア」の倫理を個々人の道徳心理学の議論において展開する革新的な主張だ。男性とは異なる声は押し殺されはしない。その声は、「ケア」の倫理という異なる声となり、自己犠牲ではない責任の倫理となる。この倫理は、自己にとってよいことと、他者に害をもたらさないこととのあいだの対立を解決する。自己と他者との相互作用が道徳の基盤であるなら、道徳は自己と他者との個人主義的な対立から抜け出て相互依存と協同のパースペクティヴを開く。

ギリガンは、新たなフェミニズムを舞台の前面に提示する。異なる道徳の声は、押し殺されていた女性たちの声であり、他者への関心、「配慮する」ことに依拠している。これまで、それらの行動は、認められることはなく、ささやかな共感とか自己犠牲でしかなかった。新たなフェミニズムは、女性のヴィジョンを、女性と男性との関係全体のヴィジョンを示す。それは、責任の倫理によって権利の道徳を補完する（権利の道徳は、女性たちによって実現されてきたが、国によって不完全なままである）。フェミニズムは、一方における「ケア」の倫理としての責任の概念と、他方における権利の広がりとを折り合わせる。権利の概念は、女性の道徳的判断を転換しつつ、それらが人びとにより受け入れられるようにする。他者への責任の意識は、男性に攻撃や分離よりも社会的協力を実現するようにするだろう。女性が以前から提示してきた声と、男性たちの声とを関連づけて、道徳的価値の多元主義が形成されるかもしれない。それは、人間の生命の二つの要素、愛着と分離とに根ざしているのかもしれない。

ギリガンの議論は、「ケア」においてアイデンティティを獲得する女性、認められていない配慮の役割を担う人びとを勇気づけた。彼女が意識したことは、このような女性たちは、自己を犠牲にして他者を援助し、配慮する力を搾取されているということだ。「ケア」の倫理は、弱さをもつ当事者、それにかかわる人びととの関係の状況を記述することからはじめられる。第一に、考慮すべき関係は弱さの連鎖であり、人びとは自己を忘れ、力を欠いている。第二に、規則と原則を尊守しない行動があるが、その場合、世界の相互依存への心配、他者への関心が肝要である。「ケア」を倫理とすること、その倫理が正義の倫理を豊かにすること、そして、ニーズの主体を権利の主体とすること、それが、ギリガンの言う価値の多元性なのだ。それは家父長制への批判であり、世話の提供者たち（女性、移民、労働者など）に発言をしてもらうことを要請する。それらの人びとは、資本主義の世界においては、また法律の形式の個人主義の世界において、忘れられている。

ギリガンはみずからの『異なる声』について回想したときに指摘しているが、「ケア」の倫理は根本的に民主主義であり、多元主義的であって、市場社会におけるジェンダーの二元性と序列に対して抵抗する声である。[1]それゆえ、「ケア」の倫理は、多文化主義であり、差異を承認する政治なのだ。[2]さらに、「ケア」の倫理は、女性の徳を称賛する自然主義ではなく、フェミニズムの政治闘争にかかわる。「『ケア』のフェミニストの倫理は、異なる声だ。なぜなら、それは、家父長制の規範や価値とは無関係だからだ。それは、ジェンダーの二元性と序列に従わず、民主主義の規範と価値を明らかにしようとする。[3]」

（1）巻末参考文献【7】。
（2）巻末参考文献【8】。
（3）前出参考文献【7】、二五頁。

他者への関心、人びとのニーズへの責任は、きわめて政治的かつ社会的である。それは、すべての声を、決定のプロセスに参加していない人びとの声を聞くことができるようにすることであるから。他者にかかわることが沈黙においてなされるならば、私たちの社会は、まだ完全に民主主義になっていないのだ。女性たちの声は聞かれることで、社会的絆、集合的な幸福を生み出す。相互援助、連帯、博愛は、支配される側の人びとの声であり、真実の声として聞かれなければならない。

V　心づかいと配慮の性？　性別化されたアイデンティティ

「ケア」の倫理は、他者への関心のさまざまな形態にかかわる。心づかいは、他者を心配する力であり、ニーズや過大な弱さをもつ他者にかかわる個別の行動であり、配慮は、それらの行動のありかた総体を問題にする活動や社会的実践の総体である。なぜ、心づかいや配慮、その性向や実践の領域が、女性の経験とされ、女性は、それらの領域が、自分の選択ではなく与えられている役割であるとアプリオリに思ってしまうのか？

ギリガンの調査によれば、道徳における女性の周辺的位置は、社会が評価しない行動と関連がある。彼女たちの行動は、公的な場や個人の成功という価値を実現しないが、主体のあいだの社会的絆、感情をともなう相互援助の絆の形成にとって重要である。ギリガンによれば、男性が想像力を個人の成功に集中し、女性が愛着、子供の世話、教育に専念するのは、それが性別化されたアイデンティティに結びついているからだ。男性は、いっそう、自分を個人として構築することに関心がある。男性は、競争、規則、法を重視する関係を形成し、他者との関係における感情に距離をとろうとする。社会学的には、男性は、個人の自律や感情における独立を重視する行動をとる。他方、女性は、他者と結びつく関係にみずからを見出す。女性は、既定のコンテクストにおいて他者の立場になる力がある。だから、このように性別化された特徴は、道徳問題の異なる解決を生み出す。女性は、権利ではなく責任をめぐる対立を経験する。男性は、正義の原則によって非人格的で論理的な解決を追求する。

もちろん、ギリガンの主張は、女性の道徳を心づかいや配慮に還元したり、男性の道徳を抽象的な正義に還元することではない。そんなことは、ばかげている。肝要なことは、このような行動の傾向が男女に社会的に割り当てられていることを暴露し、アイデンティティが子供のころから社会的に形成されるジェンダーへの服従によることを問うことだ。ギリガンは、アメリカの精神分析学者、ナンシー・チョドロウ（Nancy Chodorow）の著書に依拠する。チョドロウによれば、女性、男性のパーソナリティの特徴は、オイデプス段階以前の幼児期からつくられる。世話における責任は、幼児期の初期の段階で性別化された力として形成される。『母親業の再生産』[1]において、チョドロウは、ジェンダーのアイデンティティを分析し、それが、母親への愛着と母親からの世話によって、三歳ころに形成されことを明らかにした。この発達段階で、女の子と男の子のアイデンティティは、はっきりと対立するようになる。女の子は、世話する母親に同一化し、愛着の対象を自分のアイデンティティの形成と関連づける。他方、男の子は母親から自分を分離し、自分を男性として定義し、世話の必要や感情の領域を忘却することで、自分のパーソナリティを形成していく。チョドロウの著書は、男性と女性との心理の形成が分割されるという結論となる。女性の自我は、母性への同一化による親密性の領域において形成される。男性の自我は、この親密性からの分離の経験、外部の世界へと向かうことによって形成される。女性と男性とが直面する問題は、同じではない。

(1) 巻末参考文献【9】。

男性は、親密性の領域からの分離によって、他者との関係が困難となる傾向があり、女性は、愛着によって、個人化の達成が困難となる。[1] そこで、精神分析は、性別化されたアイデンティティの構築の理論的問題に直面する。

(1) 前出参考文献【1】、二三頁。

自我の構築に幼児期の果たす影響を考察すれば、「ケア」の精神分析は、幼児期の関係する自我についてて仮説をたてることができよう。この幼児期について、人間は記憶がなく、自我が不明確なまま行動している。ジュディス・バトラー（Judith Butler）が『権力の心的な生』において述べているように、幼児期の依存の関係は、配慮が満足のいくものであれ、不安なものであれ、忘れ去られるか、抑圧される。[1] 幼児期の服従は、それが愛によるにせよ、そうでないにせよ、隠されたままとなり、自我にとって明らかではなくなる。

（1）巻末参考文献【10】。

それゆえ、幼児期において形成される自我は、その後の発達において、明示されることがなく、沈黙をとおして影響を与え、感情をめぐるジェンダーの分割を形成する。バトラーは、『自分自身を説明すること』において、人間は、自分の誕生からの人生のすべてを、完全に知ることはできない、と述べている。ジャン・ラプランシュ（Jean Laplanche）〔フランスの精神分析学者、一九二四〜二〇一二年〕が考えた「人生初期の抑圧」は、大人の世界への子供の反応だが、無意識となるだけではない。[1] その抑圧について、ジュディス・バトラーは、つぎのような解釈をしている。その抑圧が、規範のモデルを構築するにしても、人間は、生まれると同時に、未知の世界に出会い、未知の他者に襲われるのだ、と。精神分析は、こういった自我の非適合を明らかにする上で不可欠なのだ。

（1）巻末参考文献【11】。

ギリガンが、ナンシー・チョドロウの精神分析に言及するのは、自我の形成を、性別化されたアイデンティティの形成として考察しようとするからである。幼児期につくられたジェンダーの分割は、それが愛着と分離とによる愛の欲求の関係であるなら、「自我の不透明さ」のなかにある。愛の欲求は、無意識に性別化される。

幼児期の関係は、その関係が抑圧されつつ、性別化されたアイデンティティを形成する。人間の発達における初期への言及は、人間が、愛着の経験によって、他の人間に依存し、また相互に依存していることを明らかにする。だから、男性の道徳的発達の心理学を修正するだけでは充分ではない。その心理学は、ジェンダーのアイデンティティの形成への力を認めていないのだ。さらに、カントの伝統における道徳哲学、すなわち日常の文化のレトリックでしかない自律した主体の規範理論を修正しなければならない。

カントの伝統は、ジョン・ロールズ（John Rawls）の政治リベラリズムの道徳的価値を基礎づけている。ロールズの政治リベラリズムは、アメリカの実践哲学に影響力があり、「ケア」について理論的な考察するとき、正義の倫理のモデルとして引き合いにだされてきた。この倫理は、「個人」の意味を二つに分ける。第一は、特定の経験的な人間としての個人であり、さまざまな社会で出会う人類の一部のサンプルである。第二は、価値の担い手として個人で、自分自身の目的を追求する道徳的に自律した人格としての個人である。道徳の次元は、具体的な人間の存在の上位に位置し、個人を普遍性の高みに引き上げ、それによって自由で解放された主体の尊厳が実現する。

この道徳は、権利の主体の可能性としての正義を確かなものとし、すべての人びとの平等を承認する公平性を実現する。しかし、道徳の発達心理学を考慮しつつ、「ケア」の倫理の見地からみれば、経験的個人の依存関係（それは、人生の初期の幼児期だけでなく、末期の高齢の時期においてもである）を無視できない。

ロールズは、コールバーグやピアジェと同じく、男性の分離の経験によるアイデンティティの形成に依拠して、道徳を理念化する。彼らは、依存の現実を理解できないし、自律や解放をともなわない人びとの集合的行動、道徳的行動を想像できない。

政治リベラリズムの壮大な物語はリベラルな主体を称賛し、人びとの自律が宣言されるようなものではないこと、権利の領域からだけではとらえられない従属や依存が存在することを無視する。リチャード・セネット（Richard Senett）の『尊敬、不平等の世界における人間の尊厳』のなかの、次のような言葉を引用しよう。「依存の尊厳は、リベラリズムにおいては、政治のプロジェクトとはならない。[1]」まさしく、現実の主体性は、依存を認めること（主体が依存することで主体の可能性が開示されることを認めること）から形成される。それは、相互依存している個人を、「配慮する」ことが善であるとする道徳の見地から定義しなおすことなのだ。

（1）巻末参考文献【12】。

道徳は、行動を正当化する言説ではない。それは、心づかいや配慮が、ニーズをもつ人びとにかかわる実践のことだ。政治のリベラリズムの見地は、自律を既存のものとみなすが、「ケア」の倫理は、弱さのある個々人を、社会的かつ政治的な絆へと導く。女性たちは、この新たな物語の行為者となり、彼女たちとともに、他者の生命を維持しようとするすべての人びとは、個人や集合体の発達を保護し援助するだろう。だから、「ケア」は、持続する活動でなければならない。

VI 道徳ではなく倫理

ギリガンは、普遍主義に偏った道徳のドグマティズムを問題にした。普遍主義は、多様性を包摂するのではなく、反対に排除する。この問題提起は、アメリカの人間科学の転換だった。そこで、次のことが必要となる。言語学の支配に偏った抽象的な形式主義を破棄すること、そして、日常の人間から切り離され抽象化された個人に依拠するイデオロギーを放棄すること（日常の人間は、抽象的ではなく、愛着、感情、ジェンダーの差異があり、企図をもって、集合体の歴史や国や地域にかかわっている）。「ケア」の理論装置を用いることは、道徳的推論を括弧に入れて、他者の必要や状況の力を考慮する行動を考えることだ。重要なことは、家父長制の側に立って普遍性や自律性を論ずることを批判することだ。普遍的なことは、必ずしも放棄されるべきではないが、それが具体的なコンテクストを欠くとき、批判され脱構築されなければならない。

女性たちの声、「ケア」の主題が肝要となるのは、規則が自明でなく欠けている場合、確実性がない場合、個々人が困難、問題などをかかえている場合なのである。この少数派の道徳は、別の名称、すなわち倫理という名称にふさわしい。その名称は、ギリガンによれば、心づかいや配慮と結びついた思考を示すのに用いられる。なぜ、このような「ケア」の性向、行動、実践を示すのに、倫理という名称が重要なのだろうか？　なぜ、ギリガンが提案した、もう一つの道徳は、倫理という名称のみをとることにならないのだろうか？

個別に適用される倫理が総合され、倫理が一つの知となるとしても、倫理という能力を構想するとしても、このような能力が倫理のすべてを規定することにならない。倫理は、困難な状況について各人がとりうる見方を特徴づける。倫理は、一見すれば、条件つきで、一つの学問となるかもしれない。しかし、倫理は、根本的に、存在の不確実さ、具体的なコンテクストへのかかわりのことなのだ。

道徳が、男性の行動の側の実践理性、すなわち、自分が他のだれも必要としないという幻想に生きている個人の実践理性ならば、他方、倫理は、配慮の関係的世界と結びついている。イスラエルの哲学者、アヴィシャイ・マルガリ（Avishai Margalit）は、『思い出の倫理』で、二つのタイプの人間関係、倫理による人間関係と道徳による人間関係とを区別する。[1]

（1）巻末参考文献【13】。

第一の倫理的な人間関係は、感情、共通の思い出、歴史があって、緊密な関係である。それは、両親、友人、愛するパートナー、同郷の人といった共通の記憶がある関係である。それは、毎日の生活で、私たちを日常的に結びつけている関係である。第二の道徳的な人間関係は、浅い関係であり、人間であることの最小限で抽象的な内実、すなわち人間にとっての一般的な特徴に依拠している。この関係は、近親者にかかわる倫理とは反対に、遠く拡大した世界、私たちから遠い人びと、外国人とも、まったく正当に形成される。

倫理によってこそ、さまざまな生活形態を比較しつつ、プラグマティックな状況を考察できる。倫理は、マルガリが「実例の哲学」と名づける哲学、すなわち具体的な実例を重視する哲学にかかわる。反対に、道徳は、説明し伝えられる壮大な原則に依拠している。マルガリによれば、道徳は、論証に基づき、教訓的である「説明の哲学」であり、定義と一般原則が重要なのだ。それゆえ、道徳は、個々の特定の事例や、例外的、非典型的な人びとの語りを考慮するこができない。

倫理と道徳との区別は、哲学における道徳の拡大を回避させるだろう。道徳は、最大限多くの可能な事柄を原則の内部に位置づけようとする。道徳は、指示的であり、矯正的であり、権威的である。道徳は、風習や行動の不安定を乗り越え、個々の風習の限界を超越する規範を確定する。他方、倫理は、人びとの語り、人びとの人生の軌跡に依拠する。倫理は、人びとの主観的な人生の多様性とともに、時間と空間のコンテクストへの人びとの帰属を刻印する行動様式にかかわっている。倫理を考察するには、生きられた状況から規範を発見していく経験的な調査研究が必要となろう。禁止事項を尊守することは道徳的だが、他方、さまざまな条件において幸福を探求することは、倫理的である。倫理的な関係に立脚することは、道徳の確実性を放棄し、倫理の不確実性を認めることだ。つまり、個々の場合の特殊性を考慮する際に誤るかもしれない、あまりに性急な普遍性を括弧にいれるのだ。

倫理は、診断、実験、比較、原則への懐疑をともなっている。倫理の立場は、不都合もありうる。近親者の愛、相対主義、規則の適用の困難によって、行動を正すことができない。他方、道徳は、平等な理性的存在の権利を可能にし、正義の理想を提示するのである。

Ⅶ　どのように、よりよく生きるか？

古代ギリシアの問い「どのように、よりよく生きるか？」を、現代において考える際、倫理は、揺るぎのない力をもっている。倫理は、（幸福、徳、理性という視点から）生きるにあたいする人生を、行動の細部の指示がなくても、明らかにできる。倫理的に行動するとは、みずからの人生を検討し、しかるべき行動、特定することが容易ではない行動を決定することだ。選択、決定、行動は、実際、それらを確定する原則から乖離していく。要するに、倫理は、道徳的に割り切って判断できない状況にかかわっている。倫理は、危機、対立、ジレンマの場合の内省であり、選択し決定することの難しさにかかわる。

「配慮する」ことにおいては、価値、規則、法を、道徳的推論によって考えることではない。「配慮する」とは、特定のコンテクストで、社会的文化的な信念や、感情をともなう歴史をもっている他の主体と、どのようにかかわるか、ということだ。倫理は、完全に合理的な事柄ではない。心づかいによって、倫理は、他者のニーズの充足、適切な対応、他者への関心、関係の維持の領域にかかわる。それは、他者に無関心であったり、他者を非難するよりも関係を保つことなのだ。それゆえ、「ケア」の理論は、倫理と道徳との関係を再検討すると言えよう。

このように倫理を定義することは、人間を基本的に弱者であるとして定義することであり、人間科学の転換ほかならない。この倫理的アプローチは、一人の他者への心配からはじまる。一人の他者に敏感になることは、あらゆる主意主義、あらゆる攻撃性を放棄することである。それは、また、自己中心主義の自我の目標、「自律的な個人であれ、自分の利害を大事にせよ」という、ありふれた目標を括弧にいれることだ。だから、道徳的推論は、倫理においては、アプリオリに決済されず、個々の場合に即して、その具体的なコンテクストにおいて再検討される。それゆえ、道徳的推論は、倫理的生活においては前もって確定できるものとはならない。

VIII　非対称の世界を相互的にする

「ケア」の倫理においては、どのようにして、道徳の判断とは異なる声を聞くようにできるのか？　「配慮する」ことの力によって、弱さや、弱さの連鎖（自分の弱さ、責任をもつべき他者の弱さ、など）に関心をもち、依存と相互依存についてより適切に考えることができるだろう。

個人の不確実性、現実の複雑さ、多様な弱さが問われるときには、倫理が道徳よりもより効果的となるだろう。キャロル・ギリガンは、決定困難な道徳のジレンマにおいて、正義の声と「ケア」の声とを対比する。ここで、決定とは、原則にしたがう個人の論理的推論である。古典的な意味での道徳とは、自律した自我にとって規則として役立つ原則の総体である。しかし、「ケア」、すなわち他者のニーズへの関心においては、決定は異なった仕方でなされる。つまり、決定は、原則よりも、コンテクスト、相互依存によって実現する。この場合、解決は倫理的であり、弱い人間、人生のある時期の傷つきやすい段階の人間にかかわる。その解決は、関係する主体への配慮なのだ。道徳は、人の自律性、構造化する人の特性を前提とする。他方、倫理は、自己への心配、他者への心配に関わっている。両者は、幸福と存在の維持にとって必要なのだ。道徳は、平等を基盤とする非人格的な主体に準拠した正義と結びついている。

しかし、あらゆる倫理的な試みは、かならず、自律性、構造化する人、さらに非人格的な正義を放棄することになるのか？　それでは、あまりに二分法的な考えに陥ってしまうだろう。だから、自律性に弱さを導入し、人に主観化を導入し、正義に配慮を導入するのだ。あらゆる人間関係が、ただちに平等化されるわけではないが、権力の乱用に対抗する相互性は重要なのだ。

倫理は、現実世界の不明瞭さのなかにある。倫理は、道徳のように明瞭に記述できない。道徳は、規約、禁止、義務として明示化できる。倫理は、規律とは異なるのだ。それは、つねに、コンテクストにおいて明らかになる。だから、倫理は、各人が、ある困難な状況でとるべき視点である。状況に関する倫理的視点は、規則の安易な適用ではないから、道徳を形成するわけではない。主体に「それは倫理的問題だ」と言うとき、確信の欠如、規則が見出されないこと、困難な問題があると強調しているのだ。

倫理は、場、コンテクスト、身近な人びとにおいて位置づけられるから、複雑な問題となる。倫理は、合理的主体の問題よりは、「感受性の主体」の問題として考えられる。だから、倫理は、身体と生命の問題を復権させる。倫理は、それゆえ、スピノザの自己保存の努力（conatus）、すなわち実態でもなく主権でもなく、他者との関係において解消するものなのだ。倫理においては身体にたいする精神の優越はありえず、他方、道徳の価値は感じることができないものだ。コンテクストから遊離して善と悪について語るよりは、関係について考慮し、適切か不適切かについて語るほうがよいのではないか。

ギリガンは、「ケア」の倫理を声の平等と結びつけた。それは、女性の声による「ケア」の主題を押し殺してしまう支配的な言説に対抗するためだった。道徳よりも、倫理こそが、公共の議論と対話に依拠する民主主義の文化を重視している。それゆえ、「ケア」の倫理は、ポール・リクールの『他者のような自己自身』における考察と一致する。[1] リクールにとって、心づかいとは、自我の尊重による相互交換を前提としている。行為者間の非対称性の関係は、平等化の相互性によって倫理的となる。心づかいの声は次のことを主張する。さまざまな人びと、お互いのあいだの他者性、権力の差異は、人類という拡散した抽象的な概念によって無視されてはならない。

（1） 巻末参考文献【14】。

倫理は、実践哲学のプラグマティックな概念を重視する。過度の一般化や抽象化は、個々人の特殊性、危機、問題、弱さをともなう人間行動の多様性の理解を阻止してしまう。倫理は、心づかいによって開示される。それは、非対称的関係や、道徳原則や権利が錯綜している状況において、相互の絆、条件の平等化を可能とする。

IX　フェミニストの倫理

「倫理」という道徳に対するオールターナティヴは、ギリガンが異なる声として提示したものだ。行動を規範化する声とは異なる声こそが、聞かれ、認められなければならない。私たちは、残念ながら、権利の主体としては平等であっても、なにもかもが平等であるわけではないと主張しなければならない。それが、これまで押し殺されてきた「ケア」の倫理の声である。

抽象は、ある生命が他の生命よりも関心に値するという事実を無視してしまう。弱さは、道徳の支配的規範によって考慮されない。ギリガンの研究は、ジュディス・バトラーの哲学と軌を一にする。バトラーは、『生命のあやうさ』(1)で、すべての生命が生きるに値するとはされない事実を告発する。ある人びとの生命は弱く考慮されず、多くの生命は法的かつ政治的地位を失い生きられない。こういった生命は非人間化されていて、搾取はみえない。危険な状態にある生命に関して、集合的な責任がある。弱さとは、現実の生命の、社会・自然環境での見えない脆弱性である。それは、強者である人びとにたいして、何も持たず、行動できない人びとのことだ（それは、失業、不安定雇用、排除、貧困な国々の災害における人びとである）。

（1）巻末参考文献【15】。

人間は、権利の主体であるだけではなく、生命の力としての発言し行動する権力を奪われるかもしれない人格でもある。弱さは、主体の能力いかんにかかわらず、理由なくのしかかる負担だ。「予知されることのない弱さの可能性を受容すること、そういった弱さに対して長期的な選択や戦略を見出すこと、それは、女性たちが、あらゆる時代において経験してきた問題だ。弱さを生みだす暴力にさらされるという事実は、列強の植民地支配において、最もあからさまになった。[1]」フェミニストの倫理とは、ジュディス・バトラーによれば、女性史をみれば明らかなのだが、人びとの弱さを引き受け、生きる保証をあたえ、その人びとの責任を引き受けることだ。

（1）前出参考文献【15】、七〇頁。

フェミニズムは、西欧の傲慢さ、西欧の力の夢想から離別し、平等主義と反帝国主義の展望において、絆、関係の意味を再考する。弱さは、スピヴァク（Gayatri Spivak）の「下位階層」（サバルタン）のカテゴリーと言えよう。「下位階層」の人びとは、特定の政治的コンテクストにおいて、みずからのことを話し、他の人びとに聞かれるようにならなければならない。[1]下位階層の人びとは、みずからの経験をたどる語りという形態においてしか話すことができない。彼らの言葉を配慮し、彼らの言葉が発せられる条件を配慮することが重要なのだ。

（1）巻末参考文献【16】。

ギリガンの異なる声は、フェミニストの倫理を想定する。それは、女性のケアの声と男性の正義の声の平等を主張する。あらゆる弱さを認め、その言葉を倫理としなければならない。そうすることで、善意が真実となり、他者を心配することが他者への責任の関係となる。

異なる声は、道徳の外観をまとった家父長制によって長いあいだ明るみされなかった性向、活動を、いまや明らかにする。異なる声は、弱さについての人類学だ。弱さの基底に、言葉と行動の権力の男女間の分割がある。ギリガンによる「ケア」の倫理は、ノディングスの女性の道徳や、ルディックの母性の理念と軌を一にしない。「ケア」の倫理は、「女性の道徳」という閉鎖的な視点をしりぞける。配慮の活動にかかわる人びとは、ジェンダーによって振り分けられない。倫理の実現は、その出発点に民主的な文化を置くことである。だから、倫理の次元は、弱さの経験をもつ女性と男性の声の平等、その人びとの保護を重視する。それは、道徳の境界をずらし、抽象的で普遍的な道徳の視点への限定を受容しない。「ケア」の位置づけを倫理から考え、不平等に配分され、認められていない配慮の実践、すなわち私的領域や感情、苦悩の緩和にかかわる実践を評価しなければならない。だが、「ケア」とは、それ以上のことなのだ。

フェミニストの倫理は、人びとの絆の承認に依拠して、合理主義を批判し、感情の解釈を重視する。すなわち、感情を統制するよりも感情を養成することが必要だと考える。だからこそ、子供のころからの道徳的社会的能力の発達や、発達における両親の愛の役割、感情と認識の発達に関心がむけられる。アネット・ベイアー（Anett Baier）はギリガンを解釈し、次のように述べる。「フェミニストの倫理は、女性の男性にたいする闘いではない。道徳の裁量の理論は、女性と男性の協力の帰結でなければならない。だから、フェミニストの倫理は、正義と心づかいとを調和させようとする。」[1]

（1）巻末参考文献【17】。

女性たちの声が承認されるは、一方の男性権力の論拠である「権利の主体」と、他方の女性の私的な沈黙の経験におかれた「ニーズの主体」とを序列化せず、両者を関連づけることだ。フェミニストの倫理は、私的なこととされていた「ケア」を公的なものとし、これまで公的とされていた場における、私的なことの存在をあばく。このようにして、私的領域と公的領域との境界をずらすのである。

正義のパースペクティヴと反対の「ケア」のパースペクティヴは、女性の声を擁護し、承認する。日常生活において、女性こそが、以上のような道徳への志向を持っている。フェミニストであることは、女性たちの語りを聞くことであり、解釈することである。ギリガンは、「女性は、研究のサンプリングから排除され、道徳的推論における『ケア』の関心は消失した」と言う[1]。フェミニストの倫理とは、弱い声としての女性たちの声を理解することであり、世界に異なる仕方でかかわることである。より一般的には、最も弱い人びと、聞かれることのない人びと、認められていない人びとの声を聞くことだ。ギリガンの研究から引き出されるフェミニストの倫理とは、さまざまな搾取によって、自分の言葉を抹消されている、支配されている人びとを守ることなのだ。

（1）巻末参考文献【18】。

弱さを認め、それに付き添うことは、さまざまな行動の力を確立することである。弱さは、行動と矛盾しない。「ケア」の実践は、権力によって忘れられ無視された主体のエンパワーメントなのだ。ギリガンにとって、女性は多数が「ケア」の主題にかかわるが、倫理を行動と結びつけるのである。

道徳的発達の三つの段階がある。第一段階は、完全な自我中心である。第二段階は、完全に他者に志向する。第三段階は、自我が他者との関係において均衡を実現する。最後の段階は、自我の他者から分離した見地ではなく、相互依存する自我を強調している。それは、道徳的成熟であり、女性にとっても男性にとっても、フェミニストの倫理の日常の実践である。それは、ジェンダーの二分法のステレオタイプではなく、存在し、語り、行動する力なのだ[1]。

（1）巻末参考文献【19】、一一七頁および【20】、七八頁。

第二章　配慮すること／リベラルな個人への対抗

ミシェル・フーコー（Michel Foucalt）は、コレージュ・ド・フランスでの講義『生政治（biopolitique）の誕生』において、いかにして、リベラルな合理性が、その誕生以来、人間の能力を捕捉し、人間を忙殺させてきたのかに留意している。人的資本は、市場の絶対不可欠の条件として利益を生むものでなければならない。人的資本に焦点をおき、人的資本を動員することが必要なのだ。市場原理の拡大は、人間の全面的な動員を前提とする。人的資本という枠組みに、生命を「配慮する」見方が組み入れられるとともに非難もされてきた。この枠組みにおいては、配慮さえも、資本主義を利するための増殖する一つの資本となる。いかにも、いたるところに存在するリベラルという全体主義的な統治にとっては、配慮は単なる随伴物か、よくてイデオロギーでしかない。その統治は、モノだけでなく人間をも価値として交換することを推し進める。だが、他者を心配することは、両親から子供にむけられる感情や教育の時間の投資において体現される。社会に動員される人的資本の形成を自発的に行なうことは、フーコーによれば、「収入を生み出す能力を備えた機械」をつくりだすことだ。(1)

（1）巻末参考文献【21】。

ミシェル・フーコーが記述した新たなリベラリズムとは、能力を備えた個人をつくることだ。その場合、配慮とは、政治経済の計算の世界に個人を統合することである。フーコーの議論は性急のように思える。彼の判断に論拠をあたえるには、新たな形態のリベラリズムを特徴づける、人びとの行動への規制を分析しなければならない。しかし、配慮の領域に焦点をおくことで、新たな問題の出現、弱さの出現について解明することができる。「ケア」の倫理は、他の理論とともに、弱さについての新たな人類学的概念を示唆する。人間の生命への配慮は、企業家としての人間のネットワークではなく、根本的な脆弱性の承認である。それは、リベラリズムにおける個々人の承認とは異なるものだ。

弱さは、新たな人類学的な理論の問題となるだろうか？　それは、市場関係にもっぱら依拠する人間の発達のモデルを批判できるだろうか？　弱さを引き受けることが、他者への関心に依拠する政策プロジェクトの基軸に位置づけられるだろうか？　企業家として自分自身が価値づけられなければ、その人は、忘れられ、信用をはく奪されるのではないか？　弱さと、それへの対応を再検討し、あらためて、幸福や富の適切な分配についての心配を考慮するような市場経済の様式を提示しなければならない。そこで、「ケア」の倫理は、依存の状況の承認に依拠する絆を提案するのだ。

人類学、社会学においては、マルセル・モース[1]（Marcel Mauss）の『贈与論』（L.Essai sur le don）以来、社会的絆について、計算や利害だけでなく、市場を介さない交換として論じられてきた。[2]いまや、あらゆる形態の弱さを「配慮すること」への興味は、人間科学の動向である。それは、ホモエコノミカス〔合理的経済人〕の理念、すなわち利害に構造化された行為の合理性という考えを乗り越える。

(1) フランスのデュルケーム学派の社会人類学者、一八七二〜一九五〇年〔訳注〕。
(2) 巻末参考文献【22】。

「ケア」の議論においては、リベラリズムの影の部分から検討し、市場の論理ではない社会論理を考えなければならない。「ケア」への論及は、社会からのさまざまな要請を考えることになる。女性、移民、貧困な人びと、また、性とジェンダーのマイノリティ、民族や宗教のマイノリティ、そういった人びとの保護と自由を促進することを考える。その人びとの声は考慮されず、その人びとは連帯できずに分断されてきた。

私たちは、みずからが身体的にも心理的にも弱く、他者に依存していることを認め、私たちの共通の運命を想像できる。そして、剝奪された状況で相互依存して生きる私たちの世界を想像できる。「配慮する」ことを論じることは、私たちが、他の人びとの生命に、どれほど、かかわっているかを論じることだ。他の人びとを危険にさらすことなく、その人たちの世界をつくらなければならない。それゆえ、すべての人間を考慮するよう人間科学のパラダイムを転換し、私たちは他の人びととともに結ばれている事実から出発しよう。キャロル・ギリガンは、次のように述べている。「私たちは人間であり、関係する人間であり、責任をもち感じる人間である。（……）私たちは声とともに、関係のなかに生まれる。

それは、市民社会における愛の条件であり、また市民であることの条件なのだ。[1]」

（1） 前出参考文献【7】、二八〜二九頁。

I　人間は基本的に脆弱である、しかし……

弱さとはなにか？　そもそも、弱さは、生命、社会、環境と関連する人間の壊れやすさを示す無視できない概念である。「ケア」の倫理は、この概念を、自明のごとく、新たに出現する人類学的現実を示すものとして用いてきた。すなわち、私たちは、実際、みな弱いのである、[1]と。「ケア」は、人間の弱さを基盤とする絆の形成として価値づけられるのか？「ケア」は、アングロ・サクソンの世界で、日常言語だ（あいさつの言葉、take care of you）。『ケアの倫理』において、ヴァージニア・ヘルド（Virginia Held）は、take care が goodbye を意味するのはなぜか、に留意している。すなわち、そのあいさつは、たとえ、それが日常のことであっても、他者の弱さの可能性を含む関係の承認、すなわち社会的絆を示している。事実、それは、人間の関係性（human relatedness）、絆（connection）を日々の生活のなかで確認することにほかならない。この社会的絆は、完全に合理的であることはない。そこには、性向と実践の総体が含まれるからだ。ある人を身体をとおして配慮する活動、ある人にかかわる感情（親切か、アンビヴァレンツであるか）が含まれる。ヴァージニア・ヘルドが記述した「ケア」の倫理は、一方における「配慮する」活動と、他方における他者を「心配する」心理的事実とを結びつける。子供を配慮するという場合、子供の第一次的な身体的ニーズに応えることになる。それだけでなく、より一般的には、子供の発達のために子供にかかわる。[2] さまざまな実践が心配することと結びつけられる事実を考えれば、「ケア」は、行動主義によってではなく、活動と結びついている性向によって解明されることが明らかになる。この場合の性向とは、心配するという関係の特殊性にほかならない。私たちは、力をもっている他者について心配をすることはない。そうではなくて、生命が脅かされている弱い他者に関心をもつ。人間とは、必要な場合、他者にかかわることができる存在であるとするなら、基本的な弱さを認めることは、強い個人を信ずることではない。強い個人とは、他者に依存せず、相互援助や相互依存の社会関係から切り離されているのである。

（1）vulnérableを「脆弱である」、「弱い」と訳す〔訳注〕。
（2）巻末参考文献【23】。

弱さを「ケア」の倫理から考察することは徐々になされている。キャロル・ギリガンは、一九八五年弱さという言葉をほとんど使わず、異なる声という言葉を好んだ。[1]「ケア」の理論が弱さを概念として取り入れるのは、一九八五年、ロバート・グディン（Robert Goodin）の『弱さを保護すること、私たちの社会的責任の再分析』においてであった。[2] グディンの研究が、とくに「ケア」の倫理にあるわけではない。エヴァ・フェダー・キティ（Eva Feder Kittay）やジョアン・トロント（Joan Tronto）のような研究者は、自律した潜在的に平等な市民という神話にたいして、反証を提示することに寄与した。キティにとって、グディンは、道徳の領域を、他者の弱さにむけられた関係へ、そして行動へと方向づける。グディンは、弱さのモデルを意志のモデルに対置する。後者の道徳モデルは、約束による義務が特定の他者に対してであっても、義務のありかたは一般的である。すなわち、義務は、誰にたいしても、約束がなされた他者にたいして実行される。約束は、約束を宣言した人によって引き受けられなければならない。その人は、自由意志においてかかわるとされるのだ。他方、弱さのモデルにおいては、個々人の間の関係の道徳的基盤は、ある人の弱さであり、それに対する別の人の行動であり、後者は、前者の必要に対応する位置にある。

（1）巻末参考文献【1】Une voix différente において、女性の「弱さの感情」（一一〇頁）、「職業的位置の弱さ」（二一八頁）という表現があるが，明示的説明はない。

（2）巻末参考文献【24】。

ある個人が他者のニーズに対応する状況にあるとき、その個人の状況へのかかわりは道徳的である。弱さのモデルは、意志のモデルとは反対に、自由や自己決定に依拠するのではなく、ニーズがある人間と、その人に対応できる別の人とのあいだの関係に依拠している。しかし、弱い人は別の人の行動において留意されているのか、別の人は対応することが（好意的にせよ、非好意的にせよ）できるのかについて知ることは難しい問題である。(1)

（1）巻末参考文献【25】。

他方、ジョアン・トロントは、「弱い人びとの保護」の義務について論じ、弱い人びとへの世話がなされる仕方を批判した。保護する側の人びとは、弱い人びとを守る者とされる。しかし、リスクは、配慮する側の人びとの権力の乱用にある。「弱い人びとのニーズを決める権利をもつのは誰なのか。[1]」弱さは、それへの対応が平等な者による相互性を前提としなければ、つねに権力の乱用の対象となる。弱い人との関係をつくることは、尊重の考えを導入することであり、弱い他者の立場をその人自身が主張するように考慮し、なおかつ、それが正確に自我と一致するとは想定しないことだ。弱さが、保護を必要とし、関心を必要とするのは、そこに他者性があるからだ。すなわち、弱い人と保護する人とが入れ替わることができない状況があり、適切な対応が期待されるのだ。

（1）前出参考文献【19】、一八一頁。

私たちが弱い存在であるなら、弱さへの対応において、どのような配慮が適切か問われなければならない。どのようにして、生命を依存の位置から依存しない位置へ移行させることができるのか？ジョアン・トロントが述べているように、「私たちは、人生において、誰もが、依存の位置と依存しない位置、弱さと自律性とのあいだのさまざまな程度を経験する[1]」。私たちは、自分の位置によって、富裕であったり貧しかったり、権力の中枢にいたり周辺にいたりするが、自分が弱くなければ、他者の弱さを忘れ、自分が強く弱さのない存在だと思い込む。私たちは、ある生命は他の生命よりも弱さを経験していることとを忘れてしまう。そして、あまり強くない社会的承認のない人びとに、弱い人びとのニーズを充足する配慮の仕事を任せてしまう。このように弱さの連鎖がつくられ、社会の不安定の連鎖がつくられていく。

（1）前出参考文献【19】、一八二頁。

確かなことは、弱い生命は生きることが脅かされていることである。その弱い生命は、支配する人びとの側からみれば、役に立たず、迷惑であり、規範と一致しないので、生きる場を与えられない。ある生命は他の生命よりも弱く、自由に自分のことを述べるには保護される必要がある。このような生命は暴力と権力により抹殺されやすい。そして、道徳的かつ政治的なリベラリズムが私たちのアイデンティティの要素となると、私たちは依存しない人間になろうとし、自律した主体、自分の状況に責任をもつ主体になろうとするのである。問題は、どのようにして、弱さが、相互主観性に依拠しているのか、である。こんにち、このような問題に取り組む理論的試みがある。ジュディス・バトラーの傷つけることについての研究やアクセル・ホネットの無視についての研究は、さまざまな弱さについての考察であり、その弱さは、身体と精神とが、力の欠如によって特徴づけられる[1]。それは、バトラーにとって言語の傷つける力であり、ホネットにとって自己実現の不可能性であるが、社会化の欠落と行動する力により、社会的承認と主観的な生きる力の喪失することなのである。

（1）巻末参考文献【26】【27】。

Ⅱ　リベラルな人間に対する批判

弱さとは、根本的に人間が無力とされ、攻撃され暴力を受けることだ。弱さは、ジョン・ロールズが考えるような多元的なリベラリズムの中でさえ断裂をもちこむ。[1] ここで、平等社会の実現可能性を提案したジョン・ロールズについて解読することが問題なのではない。[2] ロールズは、富の功利主義的分配から逸脱する市場外的な政策を主張した。そして、彼は、公正な社会、適切な政治の必要性を理論化した。エアヴァ・フェダー・キティが留意しているように、すべての人びとが自由で平等となることができるのだ。[3] すなわち、「基本的制度」をよりよきものにすれば、自由と平等の価値の実現を導くことができる。[4] ロールズにとっての主要な政治問題は、構造的な不平等を系統的に修正することだ。それは、正義との関連が重要であり、規則や社会装置、合理的な権利主体に依拠している。

（1）巻末参考文献【28】五頁、【29】四〇一～四七三頁。
（2）前出参考文献【28】、三〇頁。
（3）前出参考文献【25】、七五頁。
（4）前出参考文献【28】、二九頁。

ロールズと「ケア」の倫理との違いは明らかだ。「ケア」の倫理の考えからすれば、政治の領域は、社会人類学的領域から切り離すことはできない。後者の領域は、権力と搾取とがあり、コンテクストや、ニーズの充足にせまられる主体を考慮しなければならない。ロールズにおいては、政治の領域は、規範的アプローチによって、すなわち「完全に公正な社会の性質」を基準によって考えられる。(1) このリベラリズムは、カントに由来する普遍主義と合理主義とに依拠している。公正な社会を構築し、政治文化を成熟させるために、ロック、ルソー、そしてカントらの契約論を高い抽象化のレヴェルで再検討する。原初の契約は、すでにある社会に参入したり、統治を形成したりするために考えられてはいない。原初の契約とは、共通の空間において、正義の原則を承認させることだ。(2) 原初の位置に関する「無知のヴェール」は、法治国家の基本構造である政治制度が形成される段階を示している。その「無知のヴェール」の背後に、合理的政治的存在としての人間の概念が前提とされる。このヴェールの背後では、だれも感受性をもつ社会的な存在として認識されることはない。私たちは、偏った情報に左右されることはなく、偏った利害をもつ主体になることはない。人間は、みな類似の個人なのだ。それゆえ、自分と同じような存在として他者を理解し、だれもが他者の立場になれる。公正な社会を構築することはまったく合理的である。このように、社会民主主義の社会は、ある期間をへて形成されなければならない。だれもが、自分たちの状況を抽象化して普遍的推論を行ない、貧しい人びとに寛容であるような社会的合意を受け入れる。

（1）巻末参考文献【30】、三五頁。

（2）前出参考文献【30】、三七頁。

ロールズの政治哲学は司法の領域に及ぶ。正義の理論は、社会における人間を、二重の資格における権利の主体、すなわち権利をめざす主体、権利をもつ主体とみなす。正義が成立するには、民主的合意が形成されなければならない。そこでは、市民は自分たちが選んだ法に従う。そうすることで、すべての人間に固有の自由と平等とが尊重される。社会の憲法の基礎、司法の装置は民主主義を形成し、みなに法治国家における自己実現の機会があたえられる。社会への参加の選択は合理的になされ、自律的な人格として考えられる構成員は社会協同のシステムに自発的にかかわる。

しかし、多くの問題が顧みられることなく政治の周辺へと打ち捨てられたのだ。スーザン・モラー・オーキン（Susan Moller Okin）〔アメリカの政治哲学者、一九四九年〜二〇〇四年〕、アネット・ベイアー、エヴァ・フェダー・キティのようなフェミニストたちは、ロールズのリベラリズムを批判した。ロールズは、「依存の批判」を正義の理論にとりこまなかったと言うのだ。言い換えれば、ロールズの理論は、依存の関係、人間の弱さ、不正の状況に、なんら言及していない。こういったことは、政治の以前のこととされ、自由で平等な人びとの相互性により確定される正義の以前のこととされる。しかし、弱さは、依存状態、すなわち、依存する側の人と依存する人にかかわる側の人のあいだの非対称的関係にほかならない。

Ⅲ　十八世紀における実践哲学の転換

ロールズの理論は、十八世紀のヨーロッパにおける実践哲学の転換に依拠している。それこそ、「ケア」の倫理の試みが、問題とするところなのだ。スコットランドの哲学（ハッチソン、ヒューム、スミス）からカントの哲学への移行は、社会的絆の性質の変化の前兆であった。前者における道徳の感情は、後者における普遍的な道徳に道を譲った。カントにおいては、道徳は、人間の生命の自律した領域となった。カントの以前においては、道徳は、社会関係に位置づけられていた。すなわち、理性とともに道徳感情をとおして社会関係が構築され、感情が人間活動の基礎にあるとされていた。ハッチソンは道徳感覚や善意が政治秩序をとおして形成、教育されるとし、ヒュームは共感について論じ、それは人間の愛ではなく、単に隣人への関心であるとした。さらに、私たちの隣人に関する活動に限界があるがゆえに、正義の体系を考えることが重要になった。アダム・スミスは、他者との絆、道徳感情を問題にし、共感を精神の働きであると考えた。共感においては私たちは他者との関係それ自体を感じるのではなく、他者への投影によって、他者が感じると想像できるだけだ。

トロントによれば、スミスにおける共感は、他者との関係の複合である。「道徳についての重要な問題は、いかにして私たちが他者の立場になれるか、である。[1]」共感は、他者の経験への想像による投影の行為であるから、生命の経験における個々人の感受性の分離について、個々人が共通に認識していることを想定している。スミスによって、道徳の基礎は根底から修正された。それは、これまでにない商業の発展による個人の孤立を前提としており、商業は個人を計算によって考えるようにし、徳を個人の利害に基礎づけたのだ。トロントによれば、スミスは「道徳の懐疑主義[2]」にとらわれていたが、それは道徳感情の有効性の喪失、社会関係における距離の増大によって引き起こされた。偏向のない観察者という存在は、他者に距離をとり内省された道徳的視点を導入しようとしたと言える。それゆえ、商業の力を制限すること、社会的絆を経済利害の追求に還元しないようにすることが重要になる。

（1）前出参考文献【19】、七九頁。
（2）前出参考文献【19】、八一頁。

スミスからカントに至るには、たった一歩の違いしかない。その一歩とは、内面化された共感を破棄して、かわりに、他者との相互作用を最小限にするような「道徳的視点」のモデルを採用することだ。道徳は、政治行動それ自体ではなく、思考と実践合理性のこととされる。それゆえ、道徳の実現は、社会生活において他者と出会わなくても可能になる。道徳は、道徳的行動の正当化についての熟考に閉ざされる。道徳の問題は、規制されるべき社会的絆に対して距離をとり、無関係な視点から道徳的判断をすることとなのだ。感情の領域は、道徳の合理性から完全に排除され、公的領域の外部に追放される。感情の領域は、政治の道徳的基礎をさまたげる危険があるとされてしまう。

このような実践哲学の転換は、さまざまな社会追放がなされることに他ならない。道徳感情は、私的なこととなり、私的で沈黙の世界へと追放されるがゆえに、私的領域に閉じ込められた女性の世界のこととされる。この世界の分割は暴力的であるが、にもかかわらず合理的であるとされる。この世界の分割は、分割の下層の他者をつくりだす権力関係を覆い隠す。女性、奴隷、移民などの人びとは周辺へと追放され、それによって「道徳的視点」は、同質的で安定した公的領域とすることができる。

それゆえ、トロントが述べているように、「ケア」の倫理こそが、道徳哲学を問題にする。道徳哲学は、抽象的な正義の理論に閉じ込められた政治を展開してきたのであり、一方における普遍的道徳に帰属される活動と、他方における道徳や政治の基層にある日常生活の活動とのあいだの、あらゆる連続性を断ち切ってしまう。それゆえ、女性たちは、日常の沈黙の領域、すなわち、「道徳的視点」による「距離をとった」「無関心な」男性たちの活動の中枢から遠ざかった周辺にとどまることになる。

Ⅳ　脆弱であること、そしてアイデンティティに対する批判

正義の社会装置の永続性への信頼、自律的かつ合理的な主体としてのアイデンティティは、安定した

世界、人間が公共生活における市民へと形成されることを前提としている。

人間を弱さによって特徴づけ、十八世紀の歴史運動を問い直すなら、完全に同質的な主体としての市民による民主主義は自明ではない。弱さを問題にすることで、リベラリズムを反動的な道徳として批判できよう。リベラルな理論が新しい社会運動(フェミニズム、性の新しい権利、差別との闘い)や、労働と感情の世界における日常生活の不確実性を考慮することができないことは明らかだ。リベラルな理論は、支配の状況における個人や集合体の語りを考察できない。その支配の状況は、法治国家における参加に肝要な政治的表現を不可能としている。

さらに、リベラリズムは、発言し行動する力の欠如によってアイデンティティを喪失している人びとを、再分配と承認の外部へと排除し、不可視のこととしてしまう。規範のシステムは、活動的で思慮深い市民であることを証明できない人びとを、正義の社会装置の外部へと排除する。ロールズは、カントの超越的主体と非常に類似している権利の主体を主張することで、一部上層のカーストには掌握されない国家について構想し、「剝奪されている人びと」のカテゴリーについて考えようとした。このカテゴリーの複合性、多様性を考慮し、このカテゴリーに指定される暴力を告発し、正義の理念の外部の現実を考えようとした。しかし、それは、ロールズ自身が重視した正義の合理性によってではなく、断絶と事故という概念によってであった。

V　事故の存在論

どのように、弱さを道徳政治哲学において位置づけたらよいのか？　弱さに確固とした正当性を付与する存在論を、どのように考えたらよいのか？　それが、「ケア」の倫理の中心問題となる。このことは、ジョアン・トロントが、『脆弱な世界』において、「ケア」の包括的定義を提起したとき言及される。すなわち、「私たちが可能なかぎり生きるために、私たちの『世界』を保持し、存続させるために行なわれる、あらゆる活動」のことだ。「この世界は、私たちの身体すなわち私たち自身、そして環境を含んでいる。そのあらゆる要素を、私たちは、複合的なネットワークに統合し生活の支えとする。[1]」活発な生命は弱い生命でもある。維持、発展、修復が必須の世界で、生命は存在する。「配慮する」ことは、この世界に棲む、すべての生命、すべての存在への関心である。このような「ケア」の広義の定義は、「ケア」を人間の生命の中心的な活動であると位置づける——その定義は、一定の態度、責任を引き受ける力、「ケア」の仕事それ自体、ニーズの充足などを含む。この意味での「ケア」の経験は普遍的であるが、この普遍性は抽象的ではない。その「ケア」の経験は、弱い世界への帰属を認め、個別の具体的な存在、対象との適切な関係の類型を示すことになる。

（1） 前出参考文献【19】、一四三頁。

「ケア」の世界を大胆に拡大し、「ケア」にその充実した内容を与えなければならない。そうしてこそ、人間存在と共に、自然を「配慮する」することが可能となる。「ケア」は、対人関係の事柄だけではない。それは、根本的に、私たちに与えられているものとしての私たちの世界の事柄なのだ。それゆえ、「ケア」の倫理に存在論的内実を付与しなければならない。「ケア」の存在論とは、保護や関心に値するもの、消滅するリスクにさらされてもいるもののために、あらゆる形態の——自然であったり、人間によって製造されたものであったりする——支配力を批判することだ。それゆえ、この世界は倫理を必要とする。この世界は、資本主義の支配力が強要する基準とは異なる基準によって生きる膨大な可能性をはらんでいる。

このような視点からすれば、「ケア」についての哲学的考察は、カトリーヌ・マラブー（Catherine Malabou）が、『事故の存在論』で提示する主張と関連する。極端な場合、弱さは壊れやすいアイデンティティとなるが、アイデンティティが永続的でないことを強調する。弱さは、しばしば「襲撃であるような転換」として経験されるような人生の事故として語られる。(1) 重大な病気、外傷、戦争、災害、家族や職業上の出来事など、さまざまな事故によって分断されたアイデンティティは、承認され語られることは困難である。以前の生活を取り戻そうと寄せ集めることが不可能な断片ばかりが残っている。弱さは、否定的で、荒廃の経験となり、他者と平等の共有世界をつくることを阻む。弱さの問題は、偶発性の哲学、事故の存在論の議論となり、持続的で必然的な合理性とは異なることなのだ。

（1）巻末参考文献【31】。

弱さを考慮することは、偶発性という広範囲の問題（別の仕方での存在の可能性、あるいは、存在しない可能性という問題）に取り組むことになる。それは、人間の生命の始めのときの不透明性、すなわち、根本的に脆弱に生まれ、配慮を必要とすることだ。弱さを考慮することは、強く欲望される愛着の関係であり、その関係の欠如は暴力となるか、抑圧されるだろう。ジュディス・バトラーとともに、愛着の関係の欠如は、根本的な悲しみとなることを確認しよう。それは、自分の出生を自分自身で知らない悲しみであり、さらに、人生の終末期のときのメランコリーであるだろう。死が近づくとき、私たちはだれも自分が弱いことに気づき、そのとき自分より弱くない他者の関心を頼みにするのだ。[1]

（1）前出参考文献【10】、三〇～三一頁。

Ⅵ　脆弱と依存

「ケア」の倫理は、弱さの存在論を援用しつつ、主知主義的、精神主義的な伝統を解体する。弱さに言及することは、存在論の視野から自然環境の問題を保護の問題群に統合するために不可欠である。しかし、なによりも、弱さへの言及は、傷つきやすい生命、「配慮する」ことが必要な主体を理解するために不可欠である。さらに、弱さへの言及は、依存の経験を明らかにするプラグマティックな意義がある。依存状態は、存在論的かつ人類学的な意味において弱さを開示する。「ケア」の倫理は、依存状態の人びとへの適切な対応として、他者への関心をもつことで実現する。依存状態の人びとは、生存し、生命を維持し、よりよく生きることが必要なのだ。人間は、単に合理的存在や権利の主体なのではない。人間は、生命の力を阻まれるかもしれない。私たちは、根本的に弱く、依存した存在なのだ。(1)

（1）前出参考文献【6】、二六〜二七頁。

人間の弱さは、他者に対する受動性と自己開示によって顕わになる。生命を配慮することは、生命を抑制することではなく、生命を支え保護することである。「配慮する」ことが、暴力や虐待に堕落するなら、それは極度の依存によって引き起こされる非対称的な関係となる。依存の概念は、否定的な意味に限られず、「ケア」の倫理のなかに位置づけられる。エヴァ・フェダー・キティは、『愛の労働』において、以上のような道徳的政治的考察を行ない、弱さの問題を、さまざまな依存の問題として考えた。それには、子供、高齢者、病者、身体的・精神的障がい者が含まれる。キティは、彼女の理論を、極端な依存の形態から基礎づけ、対人的、制度的な関係を考察した。引き受けられた人は、みずから生命のニーズを充足する力をもたず、自分が何を受けとりたいのかを表明する力もない。このようなコンテクストでは、どのような議論によっても、依存から相互依存への移行を依存に対する闘いとして考えるのは難しい。[1] 私たちは、みなが社会的に相互依存している（たとえば、企業主は自分の秘書に、都会の住人は農業生産に依存している）が、ある人びとは身体的、精神的に壊れやすいために、依存から相互依存へと移行できないのだ。「依存が、相互依存には、もはやならない、ならないだろうという瞬間がおとずれる。[2]」ある形態の依存は、重度の精神障がいの場合のように、相互作用の関係という意味での相互依存は実現しない。相互依存は、必ずしも依存に対する闘いにおける理想とはならない。

（1）巻末参考文献【32】。
（2）前出参考文献【25】、一二頁。

重度の依存についての考察は、依存しないというリベラルな虚構に対する批判のための対抗モデルを提示するだろう。実際、平等な人びとが結合する可能性は、あらゆる絆、他者へのあらゆる人間活動においても、相互性という形態をとるのだろうか？ キティによれば、「正義の絆は、自由で平等な人びとの相互的な関係において確立される。依存する人びとは、権利も発言も奪われている。依存状態にかかわる仕事をしている人びとや、それに協同している人びとは、依存している人びとが発言できないことを受けとめなければならない[1]」。

（1）前出参考文献【26】、七六〜七七頁。

依存状態は社会の周辺的どころか中心的な問題である。自律した個人が道徳的人格であり、市民の条件であるとして、人間存在を規定するわけにはいかない。キティは、依存状態を考察する必要から出発して、「ケア」の倫理が、どのように依存状態を承認するのかについて考察する。依存状態にかかわる実践や労働は、多数の女性が従事している現実から検討されるだろう（低い報酬で依存状態への配慮の職業に就いたり、家族において母親として配慮の仕事に従事する）。依存状態にかかわる人（dependency worker）は、大多数が女性であり、なかでも貧しい女性であり、家に雇用されている家事手伝いである。「ケア」の声は（The voice of care）は、配慮の仕事における労働力の搾取という、女性の経験を無視しては考えることはできない。それゆえ、キティはルディックに賛成する。母親の仕事は、母性を自然のこととしてではなく、母親としての実践として考えなければならない。キティは、配慮の関係における権力を問う。この実践は、能力、知性を要求するのだ。「ケア」のどのような関係においても、世話する人と世話される人のあいだに権力の不平等がある。しかし、ルディックによれば、この非対称性は、しばしば、支配の連鎖となる。配慮にかかわる女性に対する男性の支配、近親者の配慮に雇用された人に対する雇用した人の支配、弱い存在に対する配慮の仕事に従事する人の支配。支配するとは、他者を所有対象に変えることであり、支配の関係が支配される生命の幸福にとって不可欠と信じることだ。(1) リベラリズムが正義の枠外の沈黙に依存の問題を置き去りにすれば、支配は「ケア」の関係における権力の不正な行使となるだろう。

(1) 巻末参考文献【33】。

リベラリズムの拡大に対抗して、キティは、依存への言及なしにフェミニズムは考えられないと主張する。性役割分業は男性の労働と女性の労働とを分離した。依存する人への配慮という承認されない女性の活動に男性はかかわらない。シモーヌ・ド・ボーボワールは、『第二の性』で、女性の男性への依存を、平等を阻む疎外であるとした。その直後に、スーザン・モラー・オーキンは、家族の場における正義の欠如を告発した。すなわち、女性は家族の場で配慮の負担を課され、公共の場から排除される、と。

このような女性たちの状況について、依存の問題に焦点をおく平等の新たな理論を提示する必要がある。女性の差異を重視するフェミニスト批判は、支配に対する批判である。すなわち、支配は差異に先行し、性のあらゆる関係を説明する。それは、多様性の批判でもある——女性は多様な運命をもち、ジェンダーと人種、階層は交錯する。しかし、このような批判とは別に、依存についてのフェミニスト批判を提示しなければならない。そこで、さまざまな依存による非対称性についての道徳や政治の分析によって平等について考察することが重要となる[1]。どうしたら、依存の関係と両立できる平等を構想できるのか？ フェミニズムは、平等の新しい概念の拠点となり、抽象から具体へ、構築主義から批判へ、非人格的な体制から対人関係の体制へという移行がめざされる。

（1）前出参考文献【25】、九〜一七頁。

平等は把握できないものであってはならない。キティは、次のように主張する。「平等の問題は、平等についての諸問題をめぐって断片化する。だれにとっての平等なのか？ どの程度の平等なのか？ 何についての平等なのか？ だれに対する平等なのか？[1]」キティの議論は、アマルティア・センの議論に非常に近い。すなわち、不平等を記述し、それと闘うには、実現すべき平等の類型、程度を問うことが前提となる。それは、収入、幸福、性の平等、必要の充足、成功の機会である。[2]「ケア」の倫理が構想する平等は、具体的なことの実現を問い、社会的装置を正義の理念に適合させるだけでなく、諸状況を比較し優先順位を確立する政策を重視することである。

（1）前出参考文献【25】、五頁。
（2）巻末参考文献【34】。

フェミニズムを依存についての批判とすることは、また単一の平等よりは複数の平等を問うこと、垂直な階層ではなく水平的な社会を企図することである。さらに、依存の世界を正義の関係のなかに組み入れ、支配に対抗する関係をめざすことである。考慮すべきことは何か？　第一に、弱い人の依存が、配慮する人にとって、どのような負担となるか評価しなければならない。依存する人を引き受けることは、その人のためにエネルギーと関心を注ぐことである。そこで、支援の形態が重要となる。依存状態を引き受ける人は、責任をもって世話するために、力と権威をもたなければならない。しかし、問題は次の点にある。世話の仕事を遂行する人は、報酬が支払われようと、そうでなかろうと、非公式な場であれ、職業の場であれ、脆弱化していく。その人は、配慮の負担から解放される資源をもつ人のために、その世話の仕事をしているから。第一の世話をされる人の依存状態は、第二の世話をする人の依存状態によって強化される。キティによれば、配慮を実践する人は、「状況の不平等」[1]の犠牲になる。配慮を提供する人の第二の依存状態は、「ケア」の仕事を公正に分担することでは解決しない。ロールズが考えなかった道徳の力について明らかにしなければならない。他者を配慮する必要を集合的に承認しなければならない。この道徳の力は、依存関係を考慮しないロールズの意味での相互性ではなく、責任に依拠している。重度に依存している人は、受け取る配慮に返礼することができない。社会の媒介が不可欠となる。キティは、拡大された相互性の概念を提示し、それを、伝統的な用語を用いて「ドゥーリア」(doulia)〔出産する母親を支援する人doulaからの派生語〕と呼ぶ。それは、依存する人にかかわる人を援助し配慮することである。だから、相互性は間接的である。子供が発達のために配慮される必要があるなら、社会は、子供にかかわる他の人びとの生活についても配慮される適切な条件を整えなければならない。

（1）前出参考文献【25】、四五頁。

社会は、依存状態の人びとへの直接の支援として制度を確立するだけでなく、「ケア」を提供する人びとに資源、支え、能力を獲得する機会を提供しなければならない。弱い他者への「ケア」の提供者の二次的な依存状態には、集合体の支援を要求できる権利が不可欠である。[1]

（1）前出参考文献【25】、一〇六〜一〇七、一三二〜一三三頁。

キティは、「ケア」における責任の視点から相互性を再評価したが、さらに、行動の概念を再検討し、依存状態の人の行動する力を考慮できるとする。精神病に関する研究において、多くの哲学が、理性を行動する力としてきた。しかし、私たちの行動、制度、正義と道徳の概念を変えて、合理性とは別の要素を考慮することが重要なのだ[1]（行動の結果を完全に知っているというゲームの原則は、精神的に欠陥がある人びとには適合しない）。

（1）巻末参考文献【35】。

キティは、すべての依存の形態が解消されるわけではないと主張する。彼女は、依存の問題を導入することで、弱さに内実を与えた。依存への言及は、「ケア」の体制を完全に解明できるわけではないが、依存しない自律した合理的個人という虚構に依拠しているネオリベラリズムの政策の限界を示すことができる。適切な「ケア」の可能性は、人間関係だけでなく、制度や公共政策の視点から考察しなければならない。「ケア」の倫理を現実の公正な社会の民主主義に結びつけるには、どうしたらいいか？　だれをも排除してはならないし、依存の問題にかかわる差異を受け入れなければならないだろう。

Ⅶ　適切なケア

「ケア」の倫理を対人関係からのみ考えることはできない。「ケア」は、道徳と政治とのあいだ、私的領域と公的領域とのあいだの分離を問題にする。このような分離が、中枢と周辺とを固定してきた。「ケア」の理論は、政治社会の変化の構想をめざす。それゆえ、「ケア」の倫理は批判理論である。弱い人びとへの配慮が周辺のこととされ、このような人びとへの対応の実践、制度が承認されないことが告発されなければならない。「ケア」を実践する人びとのすべてが、相互援助、連帯、配慮のための絆を形成することが重要だ。だが、この人びとは、声をあげることができず、公共政策の決定に参加せず、報酬は低いか、私的領域で無償の献身をしている。「ケア」についてのイデオロギーのコンテクストを検討すれば、「ケア」の実践は、その倫理的特性が考慮されず、経済的収益性、管理経営の基準に従属させられていることがわかる。「ケア」のネオリベラリズムによる管理においては、「ケア」が身体の問題、親密性の領域の問題であることが無視されてしまう。それは、なぜなのだろうか？

自分の弱さを曝す依存状態の人の身体に、世話する人が配慮をとおして接するとき、自律性を至上命令とする主体とは異なる主体が現われる。それは、依存する主体であり、他者を必要とする主体である。依存は、デリケートで曖昧な関係（暴力的となるかもしれない）のなかにある。そこで、人、アソシエーション、制度の支援が重要になる。ジョアン・トロントが指摘するように、配慮における権威は、配慮する人の側にはない。それは、配慮の実践を決定する人の側にある。「医師が、患者を『責任をもって引き受ける』のだ。たとえ、看護師が、患者について配慮し、医師が気づかぬことを指摘してやったとしても。[1]」

（1）前出参考文献【19】、一五一頁。

「責任をもって引き受ける」のは患者を治療する医師だが、「ケア」は患者の身体のさまざま問題への心配にかかわる。それは、たとえば、看護助手が患者の身体を清拭する場合である。しかし、そのような「ケア」は、地球に拡大する市場においては、ほとんど評価されない。身体の清拭は、依存状態にある人びと（小児、高齢者、病者）への重要な世話の要素であるが、このような世話は、家族であれ職業人であれ、女性に、また移民の出身者や労働者階層の出身者に任されてきた。

「ケア」は、ジェンダー、人種、階層による社会的分割に関連している。それゆえ、「ケア」は、市場社会にとって不可欠であるとしても、低い報酬の労働（支配される人びとが支配する人びとに奉仕する労働）となる。配慮は、日常の生活にかかわっているが、その価値は承認されない。配慮は、人びとの弱さへの対応であるが、しばしば、弱さの連鎖がつくられ、「ケア」を実践する人びとを搾取する連鎖がつくられる。トロントによれば、「ケア」は、制度において存続が危うくなり、周辺化され、脆弱化され、市場の条件、経済的収益性の条件に適合させられる。(1) 弱い存在に個別的にかかわることは、ほとんど不可能なこととなり、関係を形成する時間がなくなるのだ。

（1）前出参考文献【19】、一五三～一五五頁。

配慮の労働は、人びとの搾取の連鎖、あるいは人道主義的献身を前提することで成り立っている。配慮が低く評価されるのは、地球に広まった現在の政策が他者への心配を考慮しないからだ。私たちの社会で、経済的収益という厳密な論理から逃れる活動、実践、職業を構想することはできるのだろうか？特権階層の人びとは、配慮の仕事を他の下層の人びとに委譲し、次のような問いについては考えない。適切に「配慮をする」ために、共同でしなければならないことは何か？　私たちの理解は断片的なものだ。配慮の活動は、とるにたりない事柄であるかのようだ。「ケア」の倫理は、体系的な考察とともに、社会における「ケア」の重要な位置づけを主張する。

「ケア」についての系統的な考察が困難であることは、その活動が承認されていないことと関連している。その活動は、私的領域と公的領域との境界、身体と精神の境界、すなわち曖昧さに関連していて、語る必要がないとされてきた。「ケア」は、親密性、感情、近接性と結びつけられてきた。それは、女性の自然なありかたとされ、労働として承認されることはなかった。配慮の活動の断片化は、「ケア」の体系的概念を困難にする。「ケア」が、社会生活において重要な位置を占めていることを、どのように明らかにできるのか？　権力、資源、威信の不平等な配分は、配慮の活動に影響を与える。配慮の世界は、自分自身の利益のみを考えている人びとに支配されている脆弱な世界である。

「適切なケア」について考察するのは、配慮の活動、社会事業、教育、すなわち他者への心配の領域に関連する組織を構想するためである。また、配慮の主観的性向の役割を考慮しなければならないが、それは、世話する人が力と活動とを妥協させる可能性のことである。世話する人の寄与する可能性は、モノではなく人間の生命の不確実な時間という配慮の仕事の特性を尊重することで形成される。「適切なケア」についての考察は、「活動と性向とは関連している」ことを考慮しなければならない。(1)

（1）前出参考文献【19】、一四七頁。

「倫理」についてのプラグマティックなアプローチは、性向、および「ケア」の規範的理解を重視する。性向と活動との関係の形成について、「適切なケア」の諸位相を具体的に記述している。トロントの主張は、この研究の企図に関して明確である。「活動の過程としての『ケア』は、分析的に区別されるが緊密に関連している四つの位相を含む。心配すること、責任をもって引き受けること、配慮することと、配慮を受けることである。[1]」

（1）前出参考文献【19】、一四七頁。

第一の位相は、「ケア」の過程の開始である。それは、「心配すること」（caring about）であり、充足されるべきニーズの承認としての関心という性向に依拠している。それは、道徳的性向と言えるだろう。第二の位相は、「責任をもって引き受けること」（taking care of）であり、ニーズが充足できることを確認し、妥当な手段を考えることである。それは、責任をもって引き受けることであり、この段階での性向は責任の道徳的性向である。第三の位相では、「配慮すること」（care giving）であり、ニーズへの有効な対応において配慮の仕事の「能力」と実効性とが顕在化する。最後の位相では、「配慮を受けること」（care receiving）であり、受益者の反応する力が重要となる。「適切なケア」検証される位相であり、「ケア」を受けた人からニーズが充足されたか知ることなのだ。[1] それゆえ、この性向は、受容の側の性向として理解されるだろう。

（1）巻末参考文献【36】。

関心、責任、能力、反応の力は、「ケア」の活動における倫理の文法を構成する。この倫理の文法にしたがって、性向が機能するのだ。[1]「性向」の概念を考慮せずに、「ケア」の倫理的問題、適切な「ケア」について論ずることは難しい。性向と活動とが分離できないということは、他者のニーズにかかわる労働と実践の特性なのだ。[2]

（1）前出参考文献【19】、一四七～一五〇頁。四つの位相の考察については、次の論考で試みられた。La vie des idées, Fabienne Brugère, « Pour une théorie générale du care », www.laviedesidées.fr.
（2）前出参考文献【19】、一四七～一五〇頁。

「ケア」を実践の視点から考察することは、あらゆる理想化に対して闘い、現実離れした精神主義から離れることだ。「ケア」の倫理は、規則や原則の総体なのではなく、一つの実践なのだ。トロントにしたがい、「適切なケア」の四つの要素を取り上げて、「ケア」の倫理の四つの要素、関心、責任、能力、反応の力を導出できる。[1] 他者への感受性を欠き、主体のあいだに距離を置く社会では、関心の欠如が、むしろ無頓着として社会行動の規範となり、問われることはない。トロントにとって、シモーヌ・ウエーユの哲学は、関心の価値が真の人間の相互作用の原動力にあるとする一例である。責任は、関心のあとに、「引き受ける」際に問題となる。責任は、単に、達成すべき義務についての形式的な道徳の範疇ではない。それは、社会における分担の可能性についての政治的な意識でもあり、配慮の必要を承認することにほかならない。

（1）前出参考文献【19】、一七三頁。

第三の能力の位相は、結果主義の道徳の枠組みで理解され、心づかいは表明されるべきだし、行為の成功の結果によって立証される。「配慮する」ことは、結果を生むことにかかわっている。状況における配慮の適合性は、実践の能力の帰結として理解される。最後の位相では、「ケア」の受益者の側の反応の力が肝要となる。配慮の関係が、弱さと不平等の状況にあれば、反応は、困難だったり、婉曲的であったり、配慮の拒否だったりする。「ケア」は、だれにとっても、いつでも、地位とみなされる自律性への批判である。自律性が欠けていると言ってはならないし、可能かもしれない生き方の理想を否定してはならない。「ケア」の実施は、「弱さと不平等の状況にかかわっている」(1)。「ケア」を要請するのは、弱さの地位に位置づけられることであり、そのことは、政治的かつ道徳的な重要性があるのだ。世話される人に反応する手段を与えるのは、個人の自律性の要求に対して弱さの状態を承認することなのだ。

「ケア」の倫理は、弱さについての人類学、存在論を前提とする。それは、依存状態における尊厳の考慮、「配慮する」ことの哲学にほかならない。「ケア」の理論を主張し、「ケア」の理想的な調整をめざすなら、新たな実践の展望が開かれる。依存、相互依存、弱さ、自律性といった概念のあいだの境界が移動することによって、新たな哲学が生まれる。自律性は複合的であり、基本的に弱い存在の自律性でしかないのだから。配慮の現実が、異なる存在のあいだの不平等で非対称的な関係であるなら、平等こそは、取り組むべき新たな課題となる。平等の共同体を、どのように創出するのか？　確実ではないとしても、相互性をどのように形成すべきなのか？　弱さは、私たちが平等で合理的で自律している市民であるという神話を解体する。弱さは、これまで政治について民主主義的な主張を基礎づけてきた理論を問題にする。重要なのは、「ケア」の倫理によって、民主主義的な政治と平等な社会とを、どのように構想したらよいのか、ということだ。

（1）前出参考文献【19】、一八一頁。

第三章　感受性の民主主義

「ケア」は、配慮の領域に属し、さまざまな事柄にかかわる。「配慮する」と言うとき、それは具体的に行動を意味する。すなわち、病者、子供、高齢者、不安定労働者、排除された人びと、そして、さらに、すべての個人、環境、制度をも配慮する。そもそも、「配慮する」とは、すべてのこと、現存するもの、生物と無生物とにかかわることだ。それは、人間の場合、存在し、語り、行動する力の発達、維持、回復を助ける活動のことだ。それは、現代の個人主義の批判を前提としている。個人主義は、依存しない自我に閉ざされて、社会的絆を基礎づけることがない。他者から分離した自我という道徳的、政治的理念に対抗して、関係の実践において身体化したものとしての自我の現実を認めるべきなのだ。「配慮する」こと、依存や相互依存の関係の形成は、個人が、出生してから成長とともに、身体、精神の力を獲得することにかかわっている。ジュディス・バトラーは、『自分自身を説明すること』において、次のように述べている。「自我は、実体ではなく、関係と過程であり、配慮する人びとの世界で形成され、その配慮のしかたが自我をつくる。(1)」自我が依存していないというのは、まったくの幻想であり、互いに分離している個々人からなる社会で生き続けようとするのは虚構にすぎない。しかし、その幻想は、私たちの現実の実践、現実の感情から切り離された表象となる危険性があるのだ。個人主義は、人間を、自律性の要件にしたがう存在として想定している。あたかも、人間が、つねに自分の人生を統制していて、自分自身の主人であるかのように。しかし、生命の相互依存を認めるなら、ともに生きるという概念が重要となるだろう。それによれば、民主的な絆が優先され、弱さという問題の状況に直面している人びとを排除しない。その人びとは、行動する力を得て、公的な政治の支持を得ることをめざすのである。

（1）前出参考文献【11】、五九頁。

I　「配慮する」ことのネオリベラルな用法

「配慮する」とは、他者を、保護し、存続させ、発展に導く、他者にむけられた行動のことである。しかし、こんにち、その言葉の用法は、複雑であいまいさを含んだものとなっている。すなわち、「配慮する」ことが「倫理」のことと考えられずに、民主的どころかネオリベラルな視点から規定されてしまうのだ。「ケア」の倫理は、人間科学の具体的な状況を重視する転換、すなわち個別主義的転換に依拠している。しかし、このことは、現在の状況についての診断なしに理解することはできないだろう。それは、アメリカのネオリベラリズムに対する批判的診断にほかならない。

1　ネオリベラルによる民主主義の消滅

ウエンディ・ブラウン（Wendy Brown）の著書『世界政治の新しい習慣』が示しているように、アメリカのレーガンとブッシュの時代以降、民主主義の消滅、言い換えれば、ネオリベラリズムとネオ保守主義に起因する「脱―民主主義化」の出現が確認されよう。アメリカを起点とする現在の世界政治は、グローバルで全体主義的な市場合理主義によって構築される。それは、あらゆる領域、経済だけでなく、政治、社会、そして親密性の領域にも影響をおよぼす。ネオリベラリズムは、男性的と言える寡占支配による金融世界の展開だけにとどまらない。それは、拡張主義であり、政治的戦術であって、容赦のない市場合理性に、権威主義的な国家主義が一体となって付け加えられる。それによって、日常の市民の行動に、規範としての保守主義の価値が課せられるのだ。だから、ウエンディ・ブラウンは、「非」民主主義の体制が世界的に構築されていることを問題にする。この新たなガヴァナンスは、アダム・スミスの『国富論』において掲げられた市場経済における経済合理性を展開するだけではない。さらに、波及力のある政治合理性を、あらゆる現実の領域に浸透させていく。この政治合理性は、「市場の価値を、社会政策など、あらゆる制度へと拡張し散布する」[1]。この政治合理性は、民間部門の寡占体制によって国家を包囲するが、人びとの公共の力を歪曲するにとどまらない。それは、さらに、個々人に、その身体と精神とに浸透し、主体、市民の行動、そして新たな社会組織をつくる。ウエンディ・ブラウンは、ミシェル・フーコーの考察を敷衍して、次のように考えている。ネオリベラリズムは、ある地理上の部分において生まれ地球に拡大した構造であるとし、政治、さらに人間のあらゆる経験を、経済合理性に従属させる、と。人間は、「ホモエコノミカス」として規定されなければならないのだ。人間は、活力をもって生きるには企業家の習慣を獲得しなければならないことを、容赦なく知らされる。行動力ある個人はつねに計算をする人間であり、利害の力こそ人間の活動の規制原理となるのだ。[2] そこで構築される構造は、個々人に深く浸透していく規範となり、個々人を完全に経済合理性に寄与する生物へと変貌させる。[3]

（1）巻末参考文献【37】。
（2）巻末参考文献【38】。
（3）巻末参考文献【39】。

2 「ケア」の用具化

「ケア」の問題は、ネオリベラリズムの社会装置のなかに取り込まれると、他者ではなく自分自身を「配慮する」ことに力点が修正されてしまう。ネオ保守主義は、個人の責任の領域を拡大し、連帯、相互援助、社会的絆による援助を導入する試みに対立する。ネオリベラリズム、ネオ保守主義の社会の原則は、地球上のすべての人間の行動に浸透する。だから、「ケア」は、フーコーが述べているように（本書、五五頁）、用具化され、保健活動をとおして健康な人間つまり人的資本を形成するという視点から考えられてしまう。「ケア」は、包括的な経済合理性に還元され、精神医学のように、社会の規制から逸脱する危険な生命を登録することにかかわるようになる。そして、配慮の活動は、生産的でつねに動員可能な主体をつくることにむけられ、このような人的資本の形成に、幸福、および個人の罪悪感が一体となって結びついていることを人びとに自覚させ、だれもが同質的な社会空間へと帰属させられるようにする。ウエンディ・ブラウンが留意しているのだが、自由な主体とされているのは、自己選択の責任を引き受ける人であり、自分の幸福と成功を自分自身でつくるという現代の個人主義を完全に確信している人のことだ。ネオリベラルな主体は、さまざまな社会的、政治経済的選択肢を戦略的に取り出す。このようにして、世界は保守主義の価値で同質化される。しかし、少数のエリートたちはと言えば、その価値を自分たち自身には適用しようとはしない。他方、大多数の非エリートたちは、ネオリベラルな意味で「配慮する」ことがあるとしても、自我自身に閉ざされ、他者を「配慮する」ゆとりはない。

ウエンディ・ブラウンは、次のように問う。なぜ、ネオリベラリズムの解明は、「ケア」の倫理のプロジェクトを理解するのに不可欠なのか？　と。答えは簡単だ。ネオリベラルによる社会の構築は、「ケア」を取り込もうとするからだ。「ケア」は、今日の高度な経済政治の合理性の戦略となり、人的資本として自己を形成する人間、自分自身にたいして企業家である人間をつくるのだ。しかし、反対に、「ケア」が、集合体の精神と結びつき、他者への無償の関心、弱い他者への行動となると、こんにちの資本主義の精神に対応するものではなくなる。「ケア」の倫理は、それが実現しようとする政策の視点から考えるなら、社会の周辺に排除された人びとにかかわっている。その人びとは、力を剝奪された人びとであり、女性たち、貧困な人びと、移民であるが、ネオリベラリズムの視点からは、その人びとが搾取されることは言及されることがない。しかし、「ケア」の倫理は、共に生きることにかかわっていて、個人に責任転嫁しないような、市場原理とは異なる道徳を主張する。

それゆえ、保守主義の合理性と、ネオリベラルの合理性とは連携している。すなわち、非道徳的なネオリベラリズムに、強制的な道徳が付加される。献身、愛国主義、誠実が強調されるが、多くの人びとが本気で支持するわけではない。ネオ保守主義は、最小限度の道徳としての価値があるだろう。それは、自律している企業家や経済力のある消費者ではなく、もっと弱い人びとの欲望を抑制させるためなのだ。だからこそ、ネオ保守主義は、ネオリベラリズムと親和性がある。ネオ保守主義は、人間の運命の不平等を問題にしないし、社会における「非」民主的な使命を保持している。

「配慮する」ことの倫理を実現するには、経済と道徳との対立、平等主義に対する警戒から出現し、地球全体に広がった現在の状況について厳密に診断しなければならない。こんにち、資本主義の危機とともに、「ケア」の危機が存在する。「配慮する」ことは、企業家としての個人に準拠して構造化された社会の中にあるからだ。「配慮する」ことは、明確には論じられないが、労働市場の必要条件である。ある人びとが経済競争に参入することは、他の人びとが配慮の仕事にかかわっているからこそ可能なのである。それは、子供の教育、依存状態にある人びとの身体の世話、ボランティアの仕事などだ。いま、一方における業績をあげる主体からなる世界と、他方における配慮の仕事をする人びとや配慮される人びとの世界とがあって、両者の中枢と周辺のあいだに断絶が生まれている。だから、弱さのカテゴリーをめぐって、ジェンダーの境界は、移民、貧困など、さまざまな社会的境界と交錯する。ジョアン・トロントによれば、最も貧窮している人びとは、世話、とりわけ身体的世話を受けている人びとである。そこでは、「配慮する」ことと「配慮される」ことが重要で、お互いが下層のカテゴリーに組み入れられている。しかし、依存しないようにみえる人びとの業績は、別の人びとの配慮がなければ成り立たない。そして、配慮は、支配関係に依拠していて、配慮する人びとと配慮される人びととは、トロントによると、同一のカテゴリー、すなわち「アウトサイダー」に一括される。「アウトサイダー」は、重要な決定から排除されていても、強者の人びとと折れ合って、その人びとの価値に妥協しなければならない。[1]「配慮する」ことを軽視できるのは社会的特権なのであり、「特権者たちの無責任」なのである。[2]

（1）前出参考文献【19】、一三〇頁。
（2）前出参考文献【19】、一六六頁。

ネオリベラルな世界においては、「配慮する」ことにかかわる二つの様式がある。一つは非公式な様式であり、配慮は社会での活動のための私的な手段にすぎず、多くは女性の任務とされている。もう一つの公式的な様式は、配慮は私的領域の外に位置づけられるが、充分な報酬のない職業に任される。両者の場合ともに、配慮は、かならずというわけではないが、女性に任されることが多い。まず、家庭の主婦、配慮を無償で行なう女性がいる。次に、ヘルパーなど、配慮を職業とする女性がいる。最後に、配慮の仕事を他の女性に任せることが可能な女性がいる。しかし、配慮の仕事は、とりわけ身体にかかわる仕事は、たいてい、移民など、下層階層の人びとに任される。ギリガンにとって、「ケア」の仕事の帰属は、ジェンダーによる分割であった。トロントによれば、この分割は、さらに、人種と階層によっている。(1)

(1) 巻末参考文献【40】。

「ケア」のネオリベラリズムへの取り込みに対して社会批判を行なうことで、「ケア」の倫理の根本的な意味が明らかにされる。「配慮する」ことの世界を、どのように考えればいいのか?「ケア」は、現在の地球全体の政治に対する批判としての社会モデルとなるのだろうか? 現在の政治は、全体主義的な市場合理性によって構築される。市場合理性は、あらゆる領域、経済にとどまらず、政治、社会、親密性の領域にも浸透していく。だとすれば、社会の重要な転換について考えなければならないのだろうか? 別の社会関係の組織、つまり個々人の必要や開花を心配する仕事について考えなければならないのだろうか? あるいは、「ケア」は、単に人道主義的な理性であるのだろうか? すなわち、「ケア」は、制度、あるいは家族、近隣の集団などで、弱い人びとにかかわる実践を改善することをめざすのだろうか? 要するに、それは、人へのサーヴィスの位置づけ、連帯の価値づけの問題であり、公共政策の再検討を必要とするだろう。

「ケア」についての文献をみれば、議論は、次のような両極に分裂しているように思える。一つは、ラディカルな議論であり、もう一つは穏健な議論である。前者こそは、より正当な議論であり、「ケア」の実践を承認させようとする主張であって、弱い人びとの配慮を権利と義務とから考え、「ケア」の仕事の性別による帰属に反対する。

「配慮する」ことは、他者を心配する力によって、他者への個別的な感情をとおして、ある活動が実現することであるが、単に二者間の関係にとどまらない。「ケア」は、単に個人間の関係ではない。すなわち、「ケア」は、配慮にかかわる制度や集合的責任を考えにいれなければならない。

「ケア」の言葉の用法は、社会的世界についての哲学から検討しなければならないだろう。その哲学は、道徳哲学を具体的なコンテクストを重視する個別主義へと転換し、さまざまな差異を包摂する社会的世界を提唱する。「ケア」の理論は、単に行動の基準としての、態度、心づかい、他者への心配にかかわるだけではない。「ケア」の理論は、また、非対称的な関係の個々人の行動を分析することにかかわる。しかし、その理論は、配慮の仕事、配慮の職業にかかわる人びとに準拠して検討される必要がある。それゆえ、「ケア」の能力、「ケア」の経済、考察されなければならない。それは、また、家族関係、女性の役割ついての考察を導くだろう。そして、「ケア」は、しばしば公的空間ではなく私的空間のことと、自然のことのようにされていることが問題にされなければならない。

「ケア」は、記述概念としてみれば、子供や依存状態にある成人への日常の配慮、対人援助サーヴィスなど、繰り返される仕事であり、また、福祉国家における社会保護である。すなわち、「ケア」は、実践であると同時に、また、公共政策として制度化された枠組みでもある。ジェーン・レウィスは、こういった二つの点を折り合わせて、次のような「ケア」の定義を提唱する。「ケア」は、一方において「子供や依存状態にある成人の身体的、感情的なニーズを充足させることをめざす活動」、他方において「これらの活動、および活動に必要な費用についての規範的、制度的、社会的枠組」であり、両者は結びついている。(1)

(1) 巻末参考文献【41】。

そこで、「ケア」のあらゆる側面、その概念の広がり、その諸問題が明らかにされなければならない。すなわち、職業と家庭の両立、依存状態への対応、社会保護の装置、家父長制によって性別化された権力、「ケアの」直接・間接の費用などが明らかにされなければならない。「ケア」についての社会政治的な射程は、個々人の主体の側に自律性をますます要求する社会にかかわっていく。しかし、同時に、生命、社会、環境の増大するリスクは、個々人から自律性を剝奪していく。「配慮する」ことは、行動する力の回復、生命の促進、生命の条件の維持のために重要となる。それゆえ、「ケア」は、公的なものと私的なものとの、新たな分割を提唱するだろう。「ケア」は、家庭の領域と生産の領域との分割により配慮の実践が性別化されてきたことを問題にするだろう。

これまで、「ケア」は女性の仕事とされ、つねに私的な領域、感情、近接性と結びつけられてきた。それゆえ、「ケア」は、性と結びついた自然なこととされ、社会的承認を得ることは困難であった。しかし、現在の生活様式の変化は、このような伝統的なモデル、イデオロギーを危機に陥れている。女性の職業活動の持続的な発展は、女性が配慮の仕事を引き受けることを困難にしている。女性の職業参加であれ、人口の高齢化であれ、福祉国家の破綻であれ、配慮の問題がますます深刻になっている。そして、いまや、「ケア」を、私的なことや非公的なこととし、性別化された実践とみなすことはできない。それならば、どのように「ケア」を組織したらいいのだろうか?

II 「ケア」への家族のアプローチ

「配慮する」ことが社会問題となるのは、私的とされてきた関係の領域との関連を認めることにおいてである。私たちの社会は、市民社会と家庭とが分離され、キャロル・ペイトマン(Carol Pateman)による的確な表現を借りれば、抑圧された「性の契約」によって構築されている。[1] 家族の世界と職業の世界とのあいだに引かれた境界は、手をつけることができないとされているが、実は歴史において形成されてきたのだ。この境界は、女性たちと男性たちを性別の区別に従わせて、男性たちに人生の進路、希望の選択の余地を与え、女性たちに家庭での生活を維持する以外に選択の余地を与えなかった。

（1）巻末参考文献【42】。

女性たちの人生は、家族という基礎的な社会構造において実現する。家族は、個々人が、共同の道筋にしたがい、家名と歴史を保持していく共同の空間である。しばしば、家族は、その内部での資源の分配をめぐって対立の場となるが、その存在は肯定されなければならない。その存在それ自体の権利が肯定され、存在自体が愛されるべきとされるのだ。家族は、内部に緊張をはらんだ社会であるが、両親は、その法的地位とともに、子供にかかわり、子供を愛し、子供を自己実現に導く義務があるとされる。

1　親の配慮：「ケア」と「コンサーン」

家族の空間においては、「ケア」は、愛着をとおして実現する。それこそが、「配慮する」ことの最初の入り口となる。

新生児の世界に接することで、人びとは「ケア」をするようになる。新生児は、世話の感情のシステムの内部において発達を遂げることができるのだ。ウィニコットは、子供は自分に与えられる世話に愛着をもつと言う。愛着は、第一次的な必要であり、弱い存在が安全を獲得する過程である。弱さへの心配、適切な配慮の可能性は、家族の空間をつくる。愛着の分析では、アイデンティティの形成における直接の環境の重要性、最大限の愛情が与えられるべき子供の弱さが論じられてきた。子供は、両親の愛情の態度のなかに、自我を見出す。両親の憎しみの態度のなかには、自我を見出すことはできない。

愛着は、非分離の自我の経験から開始される。そして、発達の可能性は、世話をする人に対する世話される人の絶対的な依存にある。自我の生成は、愛してくれる保護者としての他者との相互依存、その他者から分離していないことに依拠している。他者は、暴力的であったり無関心であったりするかもしれない。そのとき、愛着は別の他者にむかうかもしれないし、関心がむけられ配慮されるはずの子供の発達は危険にさらされるかもしれない。

あらゆるアイデンティティは、配慮の空間で形成され、それは、ほとんどの場合、家族（それは、異性愛の両親、同性愛の両親、一人の親であったりする）である。子供は、自分の人生のはじめに、両親から自我を受け取り、配慮してくれる両親に同一化する。[1] 愛の関係は、形成されたり、形成されなかったりする。両親は、配慮することができず、暴力的になり、無関心となったり、威圧的となったりするかもしれない。

ウィニコットによれば、愛の関係は、より複合的な配慮、すなわち「コンサーン」（concern）の中に沈み込む。それは、心づかい（sollicitude）とフランス語に訳される。両親の配慮をモデルとする「コンサーン」としての「ケア」とはなにか？　それは、子供にとっては分離した自我を形成することであり、両親にとっては責任の自覚ではないのか？　「心づかいとは、ある個人が他者への配慮にかかわっていると感じ、責任を受け入れ、果たすことを意味している。[2]」

（1）巻末参考文献【43】。

配慮することなしには考えられず、そこで責任を果たすことが重要となる。他者を心配することは、他者の生命に責任があると感じることは、依存している存在が依存しなくてもすむように、関係をあらゆる帰結をふくめて考慮することである。複雑な自我の構築は、「コンサーン」としての「ケア」の「ケア」をとおして、すなわち両親の絆における心づかいをとおしてなのだ。この配慮によってこそ、子供は二者の原初的な非分離の関係から脱して、「三者の関係」を生きることができるようになるのだ。

(2) 巻末参考文献【44】。

2 親の愛のコード化された空間

愛着としての、また「コンサーン」としての「ケア」は、非対称的な関係の枠組みの内部において配慮と愛との結合を包摂している。しかし、その非対称的関係は、さらに、心づかいの力をとおして、相互性へと導かれる。それゆえ、心づかいとは、弱い人間が言葉を話すようになり、依存しない状態になれる可能性に関心をもつことだ。しかし、弱い人間は、自分になされる配慮にどう応えるかは自由である。配慮されることをとおして自我が形成されるには、その自我それ自体が自由であることが表現されなければならない。だから、配慮されるこの拒否、配慮に対する両義性が表明されなければならないのである。

しかし、親と子供との関係は、主として女性に任せられている家庭の私的空間として社会的に構築される。両親と子供との愛の絆は、夫婦家族をモデルとする社会の規則から逃れられるのだろうか？ ミシェル・フーコーの『知の意志』での議論によれば、ブルジョワ階層とともに身体化された性的抑圧の仮説は、十七世紀以降の近代社会の内部では、性についての言説の一般経済の中に位置づけられなければならない。すなわち、あらゆる性は、人間を理解し規律を課すことに役立つ規範としての文化において構築される。それゆえ、異性愛は、他の性と同様に、もはや自然とみなされない。異性愛は、正常と異常との差異を形成しようとする理論装置のなかで位置を与えられるにすぎない。十八世紀以降の産業化された西欧諸国で、性の真実の記述、親密な生命の統制、人間の性について知ろうとする意志とともに、縁組の関係のシステムと性のシステムとのあいだに新しい関係が出現する。(1) 家族は、性の装置として法や司法の社会システムの基軸となる。快楽の経済と縁組の関係とは、法によって結婚として規定されるのだ。

(1) 巻末参考文献【45】。

それゆえ、性の契約は、女性を男性に服従させ、女性を私的な空間に閉じ込める。性的分割は、女性に配慮、教育、他者への心配の役割を課し、対等ではない二つの当事者の契約をつくりあげる。キャロル・ペイトマンは、近代哲学における市民契約の理論を分析し、法的・政治的装置における女性の役割の問題を明らかにしている。契約の理論によると、個々人は自然状態から抜け出て正当な政治秩序をつくる原初の協定をつくるが、女性については何も言及されない。市民契約の背後にあるもの、それは性の契約を抑圧すること、大いなる沈黙である。

性の差異こそが、契約理論の問題の核心である。契約が自由な合意をモデルとしているとしても、この合意は、男性によってのみ実現するのであり、そもそも女性は自由ではなく男性に服従している。ペイトマンによれば、社会契約についての古典的理論は、人間の特質を考慮せずに、人間の自由の可能性を明らかにしたが　自由の背後にある性の服従を正当化したのである。「契約理論は、服従を掘り崩すどころか、近代の市民の服従を正当化する。[1]」政治的権利を基礎づける協定は、二つの性を同じように扱ってはいない。男性のみが自由で平等な人間なのだ。多くの契約理論は、男性の女性に対する権利は自然なことと考えていたし、服従の性の契約は、たくみに隠ぺいされてきた。「個々人」とは、同一の性、すなわち男性であるという事実には決して言及されない。そのかわりに、男性の「個人」についてのさまざまな概念の多様性にのみ焦点が置かれてきたのだ。[2]

（1）前出参考文献【42】、七〇頁。
（2）前出参考文献【42】、七一頁。

女性にとって自由の不在が現実化されるのは、私的領域と公的領域とのあいだの区別によってである。私的領域は、政治的自由にとって無関係だ。しかるに、家族は、結婚の契約が表明する絆に依拠する夫婦家族をモデルとする。一方では、家族は、生産、生殖、消費、居住という機能を果たしている。しかし、他方では、女性は、社会的規則によって細部にまでとり決められた家庭の領域に閉じ込められる。女性の移動の空間は制限され、彼女たちは私的領域と公的領域とを行き来することはほんどない。彼女たちの活動は、ひそやかに男性の市民的自由を尊重することだけだ。結婚の契約とは、妻を配慮をする側の者とする労働契約なのだが、その労働から給与が支払われるわけではない。

キャロル・ペイトマンによれば、現代の家父長制は、聖書や創世記が「父」と言うときのような、「父」への依存や「父」の権力への従属ではない。現代の家父長制は、もはや「父」の生殖力に依拠しているのではなく、協約、契約によるのだ。しかし、市民の契約は、別の契約を隠していて、それは抑圧された性の契約であり、家族において現実化する。家族こそは、私的領域と公的領域とを橋渡ししている。この性の契約は、「感情の家族」の創出にかかわっている。そうすると、スーザン・モラー・オーキンによれば、女性たちの心づかいが、ホッブス、ロック、カントの哲学における女性たちの従属を、再び合理化してしまう。[1]

（1）巻末参考文献【46】。

この性による分割において、「ケア」は、妻が行なう家庭の世界のこととされ、女性は家長のためのしごとを報酬なしにすることになる。妻の生活条件は、他者への心配や、心づかいである。それは、家事（清掃、買い物、洗濯など）の仕事と完全に一致する。多くの国々で、女性の地位は大きく変わり、女性たちは労働に参入し、男性と同じように教育を受けられるようになり、女性と男性との機会の平等は進んだ。しかし、地位の平等が約束されているわけではなく、偏見と支配関係は女性たちを私的空間に閉じ込め続けている。女性たちは、男性のために私的空間の役割を引き受け、それが出来ないと罪悪感をもつのだ。スーザン・モラー・オーキンは、『正義、ジェンダー、家族』で、家族についてのフェミニストアプローチは家族の民主的定義にとくに留意すると述べているが、そのフェミニストアプローチこそ、感情と権威とが絡み合う空間で権力を再配分する政治手段となる。女性や子供の弱さが異性愛での家族の家父長制に由来することを確認することから、正当な未来ははじまる。集合的責任によって、関係の非対称性による弱さを助長せず、なおかつ弱さを保護しなければならない。さらに、正義の問題を家族に導入し、性別の問題をとりのぞくなら、「生産的労働と、利益を生まない労働すなわち家事労働とを、有効に配分することができるだろう。私たちは、未来において、だれもが生活のどちらも自由に選択できるようにならなければならない[1]」。人間の自由は、女性であれ男性であれ、生活のあらゆる領域に自由に参加できることだ。しかし、女性が社会で重要な責任を果たすことは、子供の教育にかかわることができないことになっている。

(1) 巻末参考文献【47】。

多くの女性に任されている家族の負担を、どうしたら、男性と分け合うことができるのか？　生産的労働が公的領域に限られ、それが私的領域での自己実現を阻んでいる。どうしたら、配慮の仕事に、だれもが参加するようになれるのだろうか？　生活の異なる領域を分け合うことは、新しい生活様式を実現することであり、制度や政治を転換することになるだろう。そのために、「ケア」の倫理は大いに役に立つ。それは、配慮の非公式の空間を公式化される空間であるとして、性の契約ではない別のモデルに依拠する協約を形成するだろう。ジョアン・トロントが述べているように、道徳と政治との境界をずらさなければならない。すなわち、一方では、「ケア」を、アプリオリの規則や原則からなる道徳倫理としてではなく、倫理（他者への感情や、他者への関心の状況の倫理）として考え、他方では、公共的なことと私的なこととの伝統的な関係を転換し、私的なことの中での政治の出現を重視することだ。その関係は、女性への男性の支配のメカニズムにおいて、隠され抑制されてきたのである。

要するに、私的なことは、実は、政治、協約、そして契約によって貫かれていて、それは、男性に限定された市民の自由のためなのだ。市民の自由は、女性、奴隷、家事使用人を除外した古典的な契約において形成される。しかし、私的なことは、親密なことと混同されてはならない。親密なこととは、個々人が公的空間から切り離す絆の総体であり、それによって、個々人は、人の目にふれることなく、みずからの経験をつくる。親密なことは、だから、社会の共同の可視性の領域から、自我およびその関係を切り離す。自由な個人のみが、性の契約において、親密なことをつくることができるのだ。

「ケア」は、親密なことを問題にする。なぜなら、「ケア」は、ある弱さをもつ人びとの世界に、他の人びとが侵入しなければならない関係だからである。さらに、「ケア」は、配慮の仕事を女性に歴史的に割り当ててきたがゆえに、親密なことと私的なことが混同される場でもあったのだ。「ケア」の倫理はフェミニストの倫理である。「ケア」の倫理は、契約の社会の神秘化、男性の生産性に寄与する公共の文化を告発する。配慮と、生産的な領域とが相互依存していることを考察しなければならない。そして、

「ケア」に帰属するあらゆることを変えなければならない。抑圧されているが実働している性の契約の名のもとに搾取する資本主義の規則を変えなければならない。そして、家族の定義を異性愛のモデルに限定してはならない。「配慮する」という家族の義務を主張するなら、ジェンダーに準拠してはならない。それは、ウィニコットが「コンサーン」と呼んだもの、すなわち、一人の親、または両親の愛する責任において主張されるべきなのだ。

Ⅲ　配慮の実践

「配慮する」ことは、家族という基礎的な社会構造だけの問題ではない。それは、報酬を受ける職業的活動、さらに、アソシエーション、人道主義の活動組織、近隣組織などのボランティアでもある。「ケア」の倫理は、このような配慮の実践について分析を推し進めて、それらの実践の職業化に関心をもつことになるだろう。

さらに、他者の心配にかかわることとの集合的承認は、共に生きることについて、あらゆる年代の人びとについて、依存や弱さの状態について考えることになる。このような問題をネオリベラリズムの拡大は無視してしまう。ネオリベラリズムは、人間を、その身体、精神まで商品化し、個人の自律性を業績によって理解し、公共政策を会計管理と競争の促進とによってのみ定義しようとする。ヴァージニア・ヘルド（Virginia Held）は、『ケアの倫理』において、ネオリベラリズムの出現を問題にしなければならないと主張する。対人サーヴィスの市場の拡大は、公共サーヴィスの民営化と結びついている。すなわち、「合衆国においては、公共サーヴィスと考えられてきた活動が民営化され商品化されている。医療、教育、刑務所は、利潤を追求する企業に任されるようになっている[(1)]」。

（1）巻末参考文献【48】。

「ケア」の倫理にとって、社会の転換は、フェミニストの政治闘争、そして、地球規模において拡大する市場経済に対する社会批判を前提とする。一方においては、配慮の仕事が女性のみに帰属されていることが問われ、女性の解放が推進されなければならない。他方において、語られないままにされてきた女性の従属の関係を変えなければならない。そして、「保護」についての考えを新たにし、保護される人の行動する力を損なうことのないようにしなければならない。それには、配慮の仕事が女性に任されることについて、また配慮にかかわる職業について考察することが重要となる。依存状態への援助は、ひろく配慮という関係にかかわり（「ケア」）、医療による治療（「キュア」）だけに限定されない。

それゆえ、「ケア」の理論は、二つのレヴェルで構想されるだろう。すなわち、第一に、思考の原則の総体——「ケア」にかかわる諸倫理の総体——としてのレヴェル、また第二に、実践の仕方の総体、ガヴァナンスの様式の総体としてのレヴェルである。本章の後半では、この第二のレヴェルについて論じることにしたい。

1　配慮の位置、そして性の平等の理想

配慮や教育の実践は、女性と男性との平等の問題において戦略的に重要である。一九七〇年代、多くの女性が労働市場に参入し、「労働の平等、給与の平等」というフェミニストの要求が提示されたが、性の差異を平等に導くことにはならなかった。今なお、女性たちの多くは、「家庭での家事と職業活動との二重の負担」を引き受けている。女性たちは、職業活動に従事するとともに、依存状態にある子供や高齢者の世話を引き受けている。パートタイムの仕事が増加しているのは、こういった状況における妥協の試みだ。ドミニック・メーダ（Dominique Méda）とエレーヌ・ペリヴィエ（Hélène Périvier）は、次のように述べている。「男性が稼ぎ手で女性が男性の内助であるという伝統的な性役割分業は、検討されることもなく、改革されることもなかった。女性の労働者も男性の労働者も平等に家庭での役割を引き受けるということにはならなかった。労働時間の問題、社会的時間の問題は、男性にとっても重要であるにもかかわらず、議論されることはなかった。(1)」

（1）巻末参考文献【49】。

女性たちが労働市場に参入しているにもかかわらず、男性たちは家庭の役割を分担しようとはしない。子供という依存している存在を配慮する場合に、新しい父親役割の態度が現われている。しかし、こう

いった「新しい父親」は、少数派にとどまっている。家庭の領域が女性に任されることは習慣のなかに根づいている。両性の平等を問題にするには、配慮の仕事を分担することについて考察しなければならないのだ。

依存している他者を心配することは、私たちの社会では、なお女性の仕事である。他の文化では、配慮することが女性に帰属されるのは、政治社会によって強要されていて、女性は従属的存在とみなされている。それゆえ、配慮の実践について考察することは、配慮を女性のこととし、かつ重要性をあたえないでいる権力のメカニズムを解体するようを導くことになるだろう。また、それは、配慮について、より平等な政策を提案することを可能とするだろう。メーダとペリヴィエが主張したように、配慮の実践は、性別によって割り当てられることがなくなれば、それは、「経済社会の根本的な再組織化」を実現することになるだろう[1]。

(1) 巻末参考文献【50】。

配慮の領域、そして家族の時間は再組織化され、女性と男性の平等の社会的条件を実現するものでなければならない。しかし、現状では、多くの女性は、家庭での役割の負担が大きいので、パートタイムで働いている。それによって、子供手当の受給が可能となり、女性は職業活動に消極的になるのだ。

このように子供の「ケア」の現状について批判することは、フェミニズムの運動においてみられたことだ。民主的社会のなかで、男性と女性、裕福な世帯と貧しい世帯、一人親の家族と両親の家族といった不平等が存在する。それゆえ、配慮の仕事は、不平等を無視できない。配慮の活動、依存している存在への対応は、社会にとって不可欠であるのだが、比較的弱い人びと、とりわけ女性たちに任されてきた。女性たちは、低い給与によって貧しくされてきたし、主婦たちは、統計には表われない失業に耐えている。女性たちは、移民の場合、家庭の役割を引き受けることで、労働契約の枠外で搾取されている。彼女たちは、安定した職業活動を失い、自分の子供ではなく他の子供の世話を引き受け、社会に貢献している。彼女たちがいなければ、依存への対応のシステムは崩壊するだろうから！

そこで、「ケア」の倫理は、配慮の実践を女性と男性との両者の問題とするガヴァナンスの様式を構想する。ナンシー・フレーザー（Nancy Fraser）は、このように考えて「ケア」の政策モデルを提案することになる。彼女によれば、産業資本主義の時代の性の秩序は消滅するだろう。その性の秩序は、異性愛と男性支配による核家族であった。男性が家庭の外で働いて給与を稼ぎ、家族の生活はそれに依存していた。しかし、今や、失業、不安定雇用、増加する離婚、同性婚の承認、女性の職業への参加、というように、さまざまな変化が現われている。産業資本主義の性の秩序というモデルが死滅していくのだ。フレーザーによれば、ポスト産業主義の資本主義においては、多様な形態の労働（フルタイム、パートタイムなど）とともに、多様な形態の給与が、家族の秩序を同質的なのとせず、また不確実にしている。かつての福祉国家は、第二次大戦後に提案され、稼ぎ手としての男性の支配のもとでの家族を前提としていたが、生活様式の変化、雇用の危機の時代において、もはや社会的保護を提供できないでいる。

ポスト産業資本主義に対応する社会国家が構築されなければならないのだ。それは、新しい労働の世界、新しい夫婦と性の様式に適合し、両性の平等と社会保護とを同時に実現するものでなければならないだろう。

このようなジェンダーの平等の実現と関連して、ナンシー・フレーザーは、資本主義諸国の共同の政策の構築をめざして、「ケア」の新たな社会政策モデルを提案する。[1] 彼女は、次のような二つのアプローチについて考察している。第一は、報酬は少ないが職業としての「ケア」の仕事を基軸とするアプローチである。第二は、あらゆる「ケア」の業務を承認しようとするアプローチである。第一は、「ケア」を生活のために稼ぐ手段として位置づけるが、社会援助の政策は、配慮の業務を、このような労働に従事する人びとに委譲する。このアプローチは、ジェンダーの差異を問題としない。しかし、配慮の仕事の報酬は低いし、その多くは女性に任されてきた。第二の政策は、子供や高齢者の世話への補償として、配慮の提供者への手当を実施するプログラムを基軸とする。そこで、パートタイムの労働をしていても、手当によって、フルタイムの労働に従事しているのと同じく評価されることになる。しかし、概して、このような補償は女性に該当しても、男性は「ケア」を自分の労働の一部分として重視しないだろう。

（1） 巻末参考文献【51】。

このような「ケア」の二つのアプローチは、それぞれが問題をはらんでいる。第一の政策は、国家は社会援助に出費するが、「ケア」の労働を低い地位に据え、ジェンダーの不平等、階層、人種の不平等を強化するだけだ。第二の政策は、「ケア」の価値を承認するが、女性に任せたままにしてしまい、「ケア」への男性の参加は問われない。そこで、フレーザーによれば、第三のモデルを構想する必要がある。すなわち、その第三のモデルは、労働することと、世話をすることとの関連を重視する。そこで、労働は、女性だけでなく男性にとっても、もはや中心的なことではなくなるだろう。そうなれば、女性も男性も「ケア」に時間をそそぐことができる。「ケア」は、すべての人間の生きることに肝要なことの中に統合されるのだ。それゆえ、公共政策が依拠する「ケア」のモデルを構想するには、まず、「ケア」についての批判理論、産業資本主義の分業の批判理論が提示されなければならない。

2　依存への配慮と対応

配慮の問題にかかわる実践の仕組みをめぐって、ガヴァナンスの問題が提起されるだろう。依存状態にある高齢者や障がい者、長期の慢性疾患の人びとを配慮する現行のしかたに、私たちは満足しているのだろうか？　超高齢化するヨーロッパ社会において、「老い」はどのように考えられるのだろうか？

人生の末期の人びとをどのように「配慮する」ことができるのだろうか？　依存状態に対応するには、自律性を喪失し援助されなければ生きられないということを考慮しなければならない。さらに、そこでの非対称的な関係に留意しなければならない。さまざまな家父長主義が再生するかもしれないからだ。高齢、障がい、回復できない依存状態について考え、この依存状態の問題を政治行動の中心に位置づけることが重要であろう。それには、依存しないことを理想とする現代のフィクションに対して警戒しなければならない。自律性の前提は、社会における多様性を考慮して再検討されなければならないし、依存している人びとと自身が社会を変えることができるようにならなければならない。

エヴァ・フェダー・キティは、『愛の労働』において、知的障がいの自分の娘、セーシャとの関係について語り、「ケア」について考察している。両親は、自分の子供を、誕生後数か月間、他の子供と同じような子供と考えていた。キティは、それまで正常と考えていた子供の欠陥について知ることがどんなことか述べている。セーシャの父親、そしてキティ自身も、自分の娘を施設に入れずに、家で共に生きることを選んだ。しかし、セーシャのために配慮のサーヴィスの組織を活用し、セーシャが三十歳になるまでホームヘルパーを雇った。このオートバイオグラフィーは、キティの著書において重要な部分を占めている。すなわち、セーシャという子供の行動する力について、セーシャが感情を与えることができること、歌、音楽に興味をもち、知的な活動にはかかわらないだろうということ、セーシャの力を考えて、彼女の障がいの問題にとりくんでいくことが語られている。

世話する人／世話される人という関係は、次のような考えに依拠している。「配慮する」、依存状態にある人に付き添うことは、倫理的態度を前提としている。不利な状況にある人を支えるということは、その人の尊厳、生きる力、私たちと世界をつくる力を大切にすることなのだ。

「ケア」の倫理における差異の原則とは、成人の行動の条件を完全に実現しているような自律性の理念によって個々人を同質化してしまうことに反対し、生きる人びとのさまざまな個別性を認めることである。配慮の提供者は、依存の状態への対応において、配慮を受ける人びとの立場になり、その人たちを上からの目線でみることをしない。すなわち、関係の水平の次元が重要なのだ。弱い人びとの必要に関心をもたなければ、関係は垂直になりうる。「配慮する」ことが、障がいの人の力の立場からなされるなら、その人の「ケア」を活用する力をつくることになるだろう。「ケア」を活用するには、配慮の関係をつくり、そのために時間をそそぎ、異なる生きる仕方がたえず語られるようにし、それを認めていくことだ。このような依存状態への対応は、セルジュ・ゲランが「連帯して付き添うことのダイナミックス」[(1)]と呼ぶことだ。すなわち、共に生きることだ。だから、公共政策は、市民社会のイニシアティヴによって形成される。非公式の連帯が承認され、それが国家の行動と結びつかなければならない。非公式の連帯こそが、配慮を具体的な状況に個別化すること実現し、さまざまな絆の可能性を増やすであろうし、公共の力は、このような配慮の活動の基盤となる。

(1) 巻末参考文献【52】。

依存状態に尊厳を与えるには、経済的な業績や個人の成功の枠組みから排除された人びともふくめて、生きる運命を共有すること、相互依存について考えることではないのか？　この問いに肯定的に答えるなら、私たちの社会において人びとが互いに分離されている事実を批判しなければならない。私たちの日常の生活の場で、生産主義、労働の世界での暴力がまかりとおっている。だから、「配慮する」ことは倫理である。それは、市場社会における業績能力と消費の享受とからのみ個人を考えるイデオロギーに対して抗議する倫理である。ギリガンが言うように、「異なる声は抵抗の声だ」[1]。この抵抗の声は、差異を受け入れ援助し、異なる生き方に付き添い、より正義を実現することになる。それは、現実の不平等な状態を被っている人びとを支えることになるだろう[2]。

（1）前出参考文献【7】、二〇頁。
（2）前出参考文献【19】、一七頁

Ⅳ　社会事業

「ケア」の倫理の視点から、社会事業について考察しよう。こんにち、とりわけ、「配慮する」ことを、社会政策の正当な方法にしようという声が多く表明されている。弱さをもつ生命が、社会参加への困難をもち社会の援助に依存しているとき、その人びとを社会的絆へと統合する感受性の民主主義をつくらなければならない。

ソーシャルワーカーは、周辺に排除された人びとを保護し、生活の改善を与えなければならない。成人、子供、家族が問題となるのは、その人たちが自分自身だけで生きることができず、適切な条件を得ることができないときである。配慮すること、援助すること、付き添うことは、その人びとがよりよく生きるよう援助することへの善意の関心に基づいている。「ケア」の実践は弱さにかかわるが、具体的には、それは不安定雇用、失業、排除、生存の必要という生命の状況のことだ。

ディディエ・ファッサン（Didier Fassin）は、『人道主義の理性』において、ソーシャルワーカーの仕事について、福祉国家が危機の状態になってから、社会援助が個々人の個別性を考慮する事態に直面していると指摘している。すなわち、国家が「人道主義の理性」を、ますます重視するようになっているのだ。そこでは、道徳感情は、国家の政策を正当化することに役立つものとされている。ディディエ・ファッサンによれば、公共政策は、一九八〇年代の末から、社会問題にアプローチする際、抑止よりは同情を重視するようになった。すなわち、社会科学の「苦悩」の概念を援用しつつ、排除される人びとのカウンセリングを実施してきたのである。それは、失業や不安定雇用の問題を理解するためであった。しかし、「人道主義の理性」は、いまや、ソーシャルワーカー自身の処遇の問題ともなっている。すなわち「一方では、社会からの排除の苦悩が極限に達し、この苦悩が、ソーシャルワーカーにも及んでいる」[1]。社会的絆は苦悩と対峙するのだ。この現実は、心理社会的なカウンセリングの増加と並行している。このことと関連して、ギヨーム・ル・ブラン（Guillaume le Blanc）は、『日常生活、不安定な生活』で、配慮のカウンセリングの状況を明らかにしている。それによれば、不安定な存在とされた人びとを支えるのは、あまり厳格に管理しないようにすることなのだ[2]。

（1）巻末参考文献【53】。
（2）巻末参考文献【54】。

これまでにないほど、排除の社会的指標が不明確になってきている。そこで、「ケア」の倫理は、重要となるだろう。「ケア」の倫理は、社会的苦悩の分析と結びつき、当事者の親密な世界を問題にするようになっている。しかし、当事者にとっては、介入されたり言及されたりすることができない事柄があるのだ。「ケア」の倫理は、社会事業は、人びとの不幸な事態、充足されないニーズから出発すると考えている。そして、当事者の語りを乱用したり、操作したりすることに反対する。さらに、「ケア」の倫理は、カウンセリングにおいて、契約や手続きに従った、官僚制的といえる援助が不適切であると主張する。こういった援助は、依存状態や、社会的絆からの断絶を記録し、当事者の個別性や回復の可能性を考慮しないことになるのだ。

しかし、当事者の個別性を考慮するには、すなわち、当事者の語りや経験を考慮するには、当事者に適切に付き添うことが必要であり、そうすれば、自由に行動し発言する力を取り戻すよう援助できるだろう。非人格的な社会政策は、個々人や個々人の人生の経緯には関心をもつことがない。「配慮する」ことは、人びとに付き添うことであり、その人びとが他者と関係をつくり、自尊心と生きる意欲とを取り戻すようにすることだ。「ケア」は、ディディエ・ヴランケン（Didier Vranken）が言う「新しい保護の道理」[1]であり、当事者に付き添うことと当事者自身の力、当事者の弱さと当事者の行動力に関連している。

しかし、公共政策の概念は、契約者としての市民の主意主義的なイメージと結びついていて、いまなお、社会秩序、国家の基礎となっている。さらに、このような政治社会秩序を変えることなく、国家は、臨床心理学や、カウンセリング、当事者の語りを、公共政策に導入する。だから、社会的処遇は、政策として検討されずに、ばらばらの断片的な実践となる。ヴランケンによれば、当事者の経歴、当事者の複合的なアイデンティティの承認、当事者の弱さは、「配慮する」ことによって当事者の力が回復されるとしても、あまりに不確実で、矛盾があり、証拠書類の作成に奔走することになる。

さらに、次の点を指摘しておきたい。このような手探りの社会政策は、当事者の経歴に接近しているとしても、ミシェル・フーコーの言う生政治の実例にすぎないのだ(1)。その社会政策の帰結は、管理統制された社会において生命と身体が支配されることなのである。それゆえ、「ケア」の倫理によって社会政策を考察することは、このような生命政策によるではなく、社会国家のラディカルな転換をめざすことである。それは、企業家としての個人というイデオロギーを放棄することなのだ。自身が企業家であるとする合理的な個人が、挫折したとき、自身について語る主体へと変わることになるだろう。「ケア」は、自己や社会の経歴を問題にするだけでなく、当事者が社会に統合されるために、ニーズや自身の力に応じて世話をうけることできることを前提にしている。

（1） 巻末参考文献【55】。

（1）巻末参考文献【56】。

このように考えれば、ソーシャルワーカーは、単に国家のエージェントなのではない。国家は、ソーシャルワーカーを使って、さまざまな援助をばらまくことで社会的絆を維持する。ソーシャルワーカーは、このような「人道主義の理性」の代弁者、すなわち苦悩の世界への福祉の行動者ではない。さらに、ソーシャルワーカーは、援助を受ける人びとの小さな誤りを監視する人でもない。ソーシャルワーカーは、仕事の経験、研修により能力を向上させ、弱い人びとの福祉の価値を実現する。ソーシャルワーカーは、社会的なことのエージェントであり、当事者との信頼の関係をつくることができなければならない。社会事業においては、複数の異なる論理が見出される。すなわち、管理の論理（統制となるリスクがある）、主観的な語りの論理、および、将来の企画の論理[1]（援助よりは社会行動の優先）である。しかし、このような論理は、「ケア」の仕事における論拠とはならない。当事者個々人へのナイーヴな善意か、あるいは、当事者との個別の関係への過剰な関与に陥るだけだからだ。それらの論理は、「ケア」の論理の基礎を考慮しない。弱さへの心配は、社会援助を必要とする人びとだけでなく、ソーシャルワーカーにも同様に問題となる（ソーシャルワーカーは、社会の周辺の人びとに直面して、正当な心配を忘れた管理政策に疲弊している）。「ケア」の論理によってこそ、人道主義の理性と統制の手続きや罪悪感の付与との矛盾から抜け出すことができるだろう。

（1）巻末参考文献【57】。

ソーシャルワーカーの能力は、「関係の術」であり、技術（面接、グループ指導など）や知識（適切な距離をとること）に基づいている。この能力は、援助をうける当事者の自由を可能にする（たとえ、それが、社会の周辺での自尊心を保つ最小限の抵抗の自由であるとしても）。このような相互依存を促進すること、個々人の弱さと尊厳とのつながりを認めること、それは、「ケア」の倫理を新たにするだろう。

「ケア」の倫理は、アヴィシャイ・マルガリが考えたような穏健な社会をめざす。「穏健な社会とは、制度が人びとを辱めない社会だ。[1]」マルガリによれば、文明化された社会は個々人のあいだの平和的な関係に依拠し、人間の相互関係を重視するが、穏健な社会は、社会的現実のアルカイックなレヴェル、すなわち制度のレヴェルを問題とする。単に、他者への共感による人道主義的な社会のモデルを構想するのではなく、社会的絆を構造化することが重要なのだ。それによって、すべての人間が他の人間を一人の人間とみなし、劣った人間（植民地主義）や無視された人間（移民、非合法の労働者）とされないようにするのだ。

（1）巻末参考文献【58】。

「ケア」の倫理は、社会国家が人びとを辱めないようにするために、人間の生命を実際に心配することで、社会事業について再考することをめざす。だれもが、次のようなことが保証されなければならない。すなわち、読み書きの能力、技術的能力、世話を受けること、収入と居住が保証されていること、共有財産を活用できることである。「ケア」の倫理が、公共政策に寄与しようとするなら、道徳感情や近親者への関心だけにとどまらないことだ。広く社会全体にかかわる「ケア」に訴えることの利点とはなにか？　弱い個人、しかしみずから行動する力を備えている個人、そういう個人が社会的であると主張できることだ。福祉国家はサーヴィスの受給者である個人に論拠をもっているが、その受給者である個人は労働の世界に帰属している。「ケア」によって推進される国家は、すべての個々人に、標準の受給がない人びとにも配慮する。このように、「ケア」の政策の試みは、政策の基盤を政治化するだろう。

V　フランスにおける感受性の民主主義とは？

どのようにして、フランスのような国で、「ケア」は、自律性と合理性を備えた個人ではなく、弱さをもつ個人を包摂できる感受性の民主主義の実現に示唆を与えることができるのか？「配慮する」ことにかかわる政策が、児童、障がい者、病人、高齢者、災害により困難な状況にある人にかかわるとき、さまざまな社会の装置の限界をのりこえなければならないだろう。(1)

（1）「感受性の民主主義」（une démocratie sensible）とは、十八世紀の実践哲学の転換における合理性に基づく道徳的視点に対し、他者との関係である共感を復権する倫理を含意している。Fabienne Brugère, Le sexe de la sollicitude, Paris, Le Seuil, 2008, pp.150-159. 本書、第二章、III、参照〔訳注〕。

第一に、国家の政策が「配慮する」ことを無視できないのは、「配慮する」ことが排除された人びとの社会的絆を回復するからだ。不安定で無視された人びとの行動する力を回復するからだ。国家が出費する社会事業において、すなわち領土内での政策において、弱い人びとに付き添うことを推進しなければならない。諸権利の総体は、個々人の自律性が具体化されるように、公共権力と当事者である個々人との交渉を喚起しなければ、無意味なものとなるだろう（それは、声の平等の民主主義であり、共和国の規則を尊重することを前提としている）。「配慮する」ことは、一つの再分配の原則であり、依存状態から相互依存への移行を実現する。

第二は、公共政策の新しい精神を広めることが肝要である。そして、生産的経済の活性化と、経済成長率を回復させる福祉の実現だけでは充分でないことを認めることにしよう。「ケア」の政策は、新しい権利、すなわち、世話を受ける権利、他者への配慮が承認される権利にかかわっている。さらに、民間企業の経営から借用した評価の方式では、質よりは量、人びとの仕事の実際の能力ではなく数字に表われた結果しかみない。そうではなくて、実際の効果に基づいてサーヴィスを考えることが必須であり、それは民主化することで可能になり、フランスの国土の具体的な地域で実現されていくことなのだ。公共性の受け皿は拡大され、アソシエーション、組織、一般の利益のための市民の参加を含むものとなるだろう。

ますます垂直的な権威に依拠する国家に対抗して、市民の行動する力に関心をもつ公共政策が必要なのである。公共サーヴィスは、権威の上からの強要によるのではなく、実効性と近接する方途を探索すべきなのだ。権威の組織は、行動する人びとが互いに競合し、無駄が多くなるばかりだ[1]。しかるに、「ケア」に依拠すれば、国家は、多元的な市民社会なしには、ありえない。多元的な差異から出発して共有する世界を形成することは、社会に創造の力を与える。そして、それは、人的資本の再生産の規則に拘束された同質社会に対抗することであるだろう。

（1）巻末参考文献【59】。

「ケア」の倫理は、社会的世界を転換し、階層化された社会に対抗して多元的な社会を創出しようとする。危機と分離の今の時代においてこそ、現実的な解放をめざすことができる。

「ケア」の倫理は、配慮と心配の次元を導入することによって、すべての人びとを区別なく非人格的に包摂する集合体の大いなる物語を脱構築する。すなわち、自由と自律の精神を、いま、新たに肯定しようとするなら、人びとが相互に依存しあう世界で、さまざまな形態の弱さと不正義とを分析しなければならない。

私たちの日常、すなわち、私たち自身と関係しあう具体的な主体に目をむけなければならない。「ケア」の倫理が政治の対象となるなら、それは、「ケア」の倫理が、私たちの社会における商品化と官僚制化とに対して警戒するからだ。「ケア」の倫理は、具体的な他者に関わる必要を集合的に承認し、社会正義を政治的に実現するよう提案し、世界に広まった画一的なネオリベラリズムに対するオールターナティヴとなる。ネオリベラリズムは、ますます多くの人びとを社会の底辺へと追いやっている。(1)「配慮する」こと、それは、富と権力とを、あらゆる独占に対抗して、分担しあうことであり、女性と男性、貧しい人びとと富んだ人びと、移民と国籍保有者、地球の北側の国々と南側の国々、それらのあいだの共有の世界をつくることだ。

（1）これとの関連で、マルティーヌ・オブリ（Martine Aubry）、フランス社会党第一書記が、二〇一〇年春の「ケア」協会と会談した。

「ケア」の倫理を広めること、それは、社会の将来が、個人の業績、経済力、権力の獲得をめざす男女だけから成り立つのではないことを喚起することだ。それは、競争とは異なる人生での成功を望んでいる、さまざまな人びとと関連づけられなければならない。

訳者あとがき

本書は、Fabienne Brugère, *L'ethique du «care»*（Coll. « Que sais-je? » no3903, PUF. Paris, 2013）の全訳である。著者、ファビエンヌ・ブルジェール氏は、パリ第8大学（Université Paris 8）の教授・学長である。ボルドー都市共同体開発委員会委員長を務めてから、社会行動、社会政策にかかわっている。本書に関連する次の著書がある。

Le sexe de la sollicitude, Paris, Le Seuil, 2008.
La politique de l'individu, La Republique des idées, Paris, Le Seuil, 2013.

「ケア」の倫理についての議論は、アメリカのフェミニスト、キャロル・ギリガンが、『異なる声』で、レーガン政権下のネオリベラリズムを批判したことから開始された。

「ケア」は、フランス語の「配慮」（soin）に対応するだろう。それは、他者への「配慮」とともに、環境への「配慮」もふくむ広い概念である。

原著者F・ブルジェールは、他者への「心配」（souci）から「配慮」（soin）が必要となるが、複合的な「配慮」を「心づかい」（sollicitude）と呼んでいる。本書の第一章では、他者への配慮が女性に割り当てられ、自然なこととされてきた経緯が問題とされ、フェミニズム理論が検討される。

次いで、第二章では、近代の実践哲学、さらにネオリベラリズムの自律した個人の競争の前提に対して、人間の弱さ、依存、相互依存の前提を対峙させる。

それゆえ、第三章で、弱さ、依存にたいする配慮が承認される社会を形成するために、自律した個人の道徳に対して「ケア」の倫理が提示される。

ここで、ブルジェールが、他者への「心配」、「心づかい」、「配慮」は、女性に課せられた自己犠牲の道徳なのではなく、自己や他者への新たな行動の仕方の構築をめざす倫理であるとしていることに留意したい。すなわち、ジュディス・バトラーの議論に即して言えば、関係としての「心づかい」は、ジェンダーの区別を構築し、かつ脱構築する「行為遂行性」（performativity）と考えられている（Fabienne Brugère, « Faire et défaire le genre », in Fabienne Brugère et Guillaume le Blanc, Judith Butler, Paris, PUF, 2009）。

なお、中西正司、上野千鶴子は、『当事者主権』（岩波新書、二〇〇三年）において、弱さにより依存状態にある人びとのアドボカシーを基軸に、弱さを統合する地域社会のネットワークの形成について論じている。日本における「ケア」についての包括的な議論については、上野千鶴子『ケアの社会学』（大田出版、二〇一一年）を参照されたい。

「ケア」の倫理は、ネオリベラリズムの自律した個人が競争し合う世界に対して、配慮しあう世界をめざしている。

個人が自律して競争することが可能であるのは、「ケア」する人びとが存在するからである。子供のケア、高齢者のケアだけでなく、依存していないかのようにみえる個人でさえ、健康であるためにケアされる。人間は弱く、依存をまぬかれず、関係性、相互依存を必要としている。

道徳は多元的であり、複数の道徳が対立することもある。倫理とは、既定の秩序である道徳を否定するのではなく、それらを批判しつつ、それらと妥協していくことだ。「ケア」の倫理とは、既定の秩序として形成された道徳とは異なり、個々の具体的な状況における他者への配慮を要請することである。

本書では、人間の弱さと、関係性を基軸とする倫理が、アメリカのキャロル・ギリガンの議論を超えて、フランスの哲学的背景から、いっそう深められている。なかでも、M・フーコーについての議論のなかで、「ケア」さえも人的資本の形成に組み入れられてしまうという示唆にネオリベラリズム批判の先取りを見出し、P・リクールの議論から、具体的なコンテクストにおける他者への心づかいを基点とする倫理についての考えが導出されている点は、きわめて斬新であり、フランス社会哲学の復権というほかはない。

生政治と関連してフーコーが論ずる「臨床医学」は、個の身体に関する生、病、死へのまなざしにほかならない（Michel Foucault, La naissance de la clinique, Paris, PUF, 1963．ミシェル・フーコー『臨床医学の誕生』

みすず書房、一九六九年)。このような「臨床医学」のまなざしに対抗する行為者相互の関係としての「ケア」についての議論は、次の看護についての日仏調査研究を参照されたい。

Philippe Mossé, Tetsu Harayama, Maryse Boulongne-Garcin, Toshiko Ibe, Hiromi Oku, Vaughan Rogers, *Hospital and the Nursing Profession : Lessons from Franco-Japanese Comparisons*, Paris, John Libbey Eurotext, 2011.

訳者二人は、パリ、ストラスブール、エクサンプロヴァンスで、フランスの研究者とともに、人間、社会、環境をめぐる「共生学」をテーマに、社会学と法学の視座から共同研究に取り組んできた。本書の翻訳は、これまでの取り組みの延長にあると言える。

なお、フランスと日本との「ケア」についての学際的なネットワーク"Bridge Lilies"の活動について、次のブログをご覧いただければ幸いである。

http://forum-bridge-lilies.blogspot.jp/

最後に、本書の翻訳にあたって、お世話になりました白水社編集部の浦田滋子氏に御礼申し上げたい。

二〇一六年春　増刷に際して

原山哲／山下りえ子

参考文献
（原書巻末）

I 基本文献

Baier Annette, Morale Prejudic, *Essays on Ethics*, Harvard University Press, 1995.

Gilligan Carol, *In Different Voice*, Cambridge Mass., Harvard University Press,1982; フランス語訳*Une voix diférentes*, Paris, Flammarion, <Champs essais>, 2008.

Held Virginia（éd.）, *Justice and Care*, Westview Press, 1995.

- *The Ethics of Care*, Oxford University Press, 2006.

Kittay Eva Feder, *Love's Lobour, Essays on Women, Equality and Dependency*, New York, London, Routledge,1999.（エヴァ・フェダー・キティ『愛の労働』白澤社，2010年）.

Noddings Nel, *Caring, A Feminine Approach to Ethics and Moral Education*, Berkeley Los Angeles, University of California Press,1984.

Okin Susan Moller, *Justice, Gender and Family*, BasicBooks,1989; フランス語訳 *Justice, genre et famille*, Paris, <Champs essais>, Flammarion,2008.（スーザン・M. オーキン『正義・ジェンダー・家族』岩波書店，2013年）.

Tronto Joan, *Moral Boundaries, A Political Argument for an Ethics of Care*, New York, London, Routledge, 1993; フランス語訳 *Une monde vulnérable*, Paris, La Découverte, 2009.

II「ケア」の論理についての文献

著書

Brugere Fabienne, *Le Sexe de la sollicitude*, Paris, Le Seuil, 2008.

Garrau Marie et Alice le Goff, Care, *justice et dépendence*, Paris, PUF, 2010.

Krebs Angelina, *Arbeit und Liebe, Die Philosophischen Grundlagen sozialer Gerechtikeit*, Francfort, Suhrkamp, 2002.

Norock Vanessa（éd.）*Carol Gilligan et l'éthique du care*, Paris, PUF, 2010.

Paperman Patricia et Sandra Laugier, *Le Souci des autres, Éthique et politique du care*, Paris, Édition de l'EHESS, 2005.

雑誌

Esprit,<Les nouvelles figures du soin>, janvier 2006 et <La vie danslegrand âge>, juillet 2010.

Pratiques, Les cahiers de la médecine utopique, <Fémininin visible : la question du

soin>, janvier 2011.
Revue française de socio-économie, <*Le care* : entre trasnsactions familiales et économie des services>, second semestre 2008.
Revue du Mauss, < L 'amour des autres. *Care*, compassion et humanitarisme>, n° 31, La Découverte; *MAUSS*, second semestre 2008.

Ⅲ資料

Louise Gareau, infirmière de combats, entretiens de Bemard Roy avec Louise Gareau, Québec, Presses universitaires de Laval, 2008.

巻末参考文献

【1】Carol Gilligan, *In a Different Voice*, Cambridge Mass., Harvard University Press, 1982; *Une voix différente*, Paris, Flammarion, “ Champs essays ”, 2008, pour la traduction française.

【2】Alain Supio, *L'esprit de Philadelphia*, Paris, Le Seuil, 2010.

【3】Nel Noddings, “ Caring ” in *Justice and Care*, V. Held（ed.）, Westview Press, 1995.（ネル・ノディングス『ケアリング――倫理と道徳の教育　女性の観点から』晃洋社，1997年）.

【4】Monique Wittig, *La pansée* straight, Paris, Éditions Amsterdam, 2007.

【5】Sara Ruddick, *Maternal Thinking: toward a Politics of Peace*, Boston, Beacon Press, 1955.

【6】Fabienne Brugère, *Le sexe de la sollicitude*, Paris, Le Seuil, 2008.

【7】Carol Gilligan, « Un regard prospectif à partir du passé », in *Carole Gilligan et l'éthique du care*, coord. Par Vanessa Nurock, Paris, PUF, 2010.

【8】Charles Taylor, *Multiculturalism*, Paris, Champs Flammarion, 1994, pour la traduction française.

【9】Nancy Chodorow, *The Reproduction of Mothering*, University of California, 1978.（ナンシー・チョドロウ『母親業の再生産－性差別の心理社会的基盤』新曜社，1981年）.

【10】Judith Butler, La vie psychique du pouvoir, Léo Scheer Éditions, 2002, pour la traduction française.（ジュディス・バトラー著『権力の心的な生』月曜社，2012年）.

【11】Judith Butler, *Le Récit de soi*, Paris, PUF, 2007, pour la traduction française, pp.72-78. （ジュディス・バトラー著『自分自身を説明すること』月曜社，2008年）.

【12】Richard Senett, *Respect, De la dignitéde l'homme dans un monde d'inégalité*, Paris, Albin Michel, 2003, rééd. Hachette, coll. “ Pluriel ”, 2005, pour la traduction française, p.144.

【13】Avishai Margalit, *L'Éthique du souvenir*, Paris, Climas, 2006, pour la traduction française.

【14】Paul Ricœur, *Soi-même comme un autre*, Paris, Seuil, p.254.（ポール・リクール『他者のような自己自身』法政大学出版，1996年）.

【15】Judith Bultler, *Vie précaire*, Paris, Éditions Amsterdam, 2005, pour la traduction française. （ジュディス・バトラー『生命のあやうさ』以文社，2007年）.

【16】Gayatri Spivak, *Les subarternes peuvent-elles parler?*, Paris, Éditions

Amsterdam, 2009 pour la traduction française.（ガヤトリ・スピヴァク『サバルタンは語ることができるか』みすず書房，1998年）.

【17】Annette Baier, " The Need for More than Justice ", *in Feminist Theory*, A. Cudd et R. Andersen（eds.）, Oxford, Blackwell Publishing, 2005, p.250.

【18】Carol Gillligan, « Moral Orientation and Moral Developpement », in *Women and Moral Theory*, Kittay et Meyer（eds.）, Kittay et Meyer（eds.）, Lanham, 1987, p.25.

【19】Joanh Tronto, *Moral Boundaries*, New York, London, Routledge, 1993; *Un monde vulnérable*, Paris, La Découverte, 2009, pour la traduction française.

【20】Seyla Benhabib, « The Generalized and the Concrete Other », in Feminism as Critique, Benhabib and Cornell（eds.）, Minneapolis, University of Minnesota Press, 1987.

【21】Michel Foucault, Naissance de la biopolitique, Paris, Gallimard, Le Seuil, 2004, p.235.（ミシェル・フーコー『生政治の誕生』筑摩書房，2008年）.

【22】Alain Caillé et Jacques T. Godbout, « L'amour des autres », *Revue du MAUSS*, n° 31, seconde semestre 2008.

【23】Virginia Held, *The Ethics of Care*, Oxford University Press, 2006.

【24】Robert Goodin, *Protecting the Vulnerable*, University of Chicago, Chicago, 1985.

【25】Eva Feder Kittay, *Love's Labor*, New York/London, Routeledge.（エヴァ・フェダー・キティ『愛の労働』白澤社，2010年）.

【26】Judith Butler, Le Pouvoir des mots, Paris, Éditions Amsterdam, 2004, pour la traduction.（ジュディス・バトラー『触発する言葉』岩波書店，2004年）.

【27】Axel Honneth, La Société du mépris, Paris, La Découverte, 2006.（アクセル・ホネット『再配分か承認か』法政大学出版局，2012年）.

【28】John Rawls, *Liberalism politique*, Paris, PUF, 2e éd., 2006, pour la traduction française. p.5: "Un pluralism raisonable par opposition à un pluralism simple"（ジョン・ロールズ『多元的世界の政治哲学』有斐閣，2003年）;

【29】Catherine Audard, " Le liberalism démocratique de John Rawls ", in *Qu'est-ce que le liberalism?*, VI, Paris, Gallimard, "Folio essai", 2009.

【30】John Rawls, *Théorie de la jistice*, Paris, Le Seuil, 2e éd., 1997, pour la traduction française.（ジョン・ロールズ『正義論』紀伊国屋書店，2010年）.

【31】Catherine Malabou, *Ontologie de l'accident*, Paris, Éditions Léo Scheer, p.10.

【32】Marie Garrau et Alice le Goff, Care, *Justice et dépendence*, Paris, PUF, « Philosophies", 2010, p.111-124.

【33】Sarah Ruddick, « Injustice in Famillies: Assault and Domination", in *Justice and Care*, V. Held （ed.）, Co. Westview Press, 1995, p.213-214.

【34】Amartya Sen, *Repenser l'inégalité*, Paris, Le Seuil, 2000 pour la traduction française et " Equality of What? The Tanner Lecture on Humnan Value ", in *Liberty, Equality and Law: Selected Tanner Lectures*, S.M. MacMurrin（ed.） Cambridge University Press, 1989, p.137-162.

【35】 Eva Feder Kittay et Licia Carson（ed.）, *Cognitive Disability and its ChallengetoMoral Philosophy*, Wiley-Blackwell, 2010, p.12-14.
【36】 Marie Garrau, « La théorie politique à l'épreuve de la vulnérabilité », *Intersections philosophiques*, Presses Universitaires de Paris, X, novembre 2006.
【37】 Wendy Brown, *Les Habits neufs de la politique mondiale*, Paris, Les Prairies ordinaires, 2007, pour la traduction francaise, p.50.
【38】「ホモエコノミカス」，すなわち計算をする抑制された人間については，次のフランス語訳参照. Arbert Hirschman, *Les Passion et les Intérêts*, Paris, PUF, 2001.
【39】 Serge Audier, *Le Colloque Lippmann, Aux origines du néolibéralisme*, Lormont/ Bordeaux, Éditions Le Bord de l'eau, 2008.
【40】 Mary Zimmerman, Jackie Litt et Chris Bose（eds.）, *Global Dimension of Gender and Carework*, Stanford, Stanford University Press, 2006.
【41】 Jane Lewis, *Gender, Social Care and Welfare State Restructuring in Europe*, Alderrshot, Ashgate, 1998, p.10.
【42】 Carole Pateman, *Le Contrat sexuel*, Paris, La Découverte, 2010.
【43】 D. Winnicott, *Jeu et réalité*, Paris, Gallimard, 1975, pour la traduction française.（D. ウイニコット『遊ぶことと現実』岩崎学術出版社，1979年）.
【44】 D. Winnicott, « Elaboration de la capacitéde sollicitude », conférence faite à la Société psychanalytique de Topeka, le 12 octobre 1962.
【45】 Michel Foucault, *La volonté de savoir*, Paris, Gallimard, 1976.（ミシェル・フーコー『知への意志』新潮社，1986年）.
【46】 Susan Moller Okin, « Women and the Making of the Sentimental Family », *Philosophy and Public Affairs*, Princeton, 1981, vol. 11.
【47】 Susan Moller Okin, *Justice, genre et famille*, Paris, Flammarion, « Champs essais », 2008, pour la traduction française.（スーザン・M.オーキン『正義・ジェンダー・家族』岩波書店，2013年）.
【48】 Virginia Held, *The Ethics of Care*, Oxford, Oxford University Press, 2005, p.107.
【49】 Dominique Méda et Hélène Périvier, Le Deuxième Âge de l'émancipation des femmes, Paris, Le Sueil, 2007.
【50】 Dominique Méda et Hélène Périvier, *Le Deuxième Âge de l'émancipation des femmes*,Paris, Le Seuil, 2007.
【51】 Nancy Fraser " After the Family Wage: a Postindustrial Thought Experiment " in *Global Dimension of Gender and Casework, op.cit.*, Stanford University Press, 2006.
【52】 Serge Guérin, « Les révolutions de l'àge, un levier pour rajeunir l'action publique », in *Pour changer de civilisation*, Martine Aubry（éd.）, Paris, Odile Jacob, 2011, p.231.
【53】 Didier Fassin, *La raison humanitaire*, Paris, Gallimard Seuil, 2010, p.55.
【54】 Guillaume le Blanc, *Vies ordinaires, vioe précaires*, Paris, Le Seuil, 2007,

p.256.

【55】 Didier Vranken, *Le Nouvel Ordre protectionnel*, Lyon, Paragon/Vs, 2010, introduction et 6 chapitre Ⅰ.

【56】 Michel Foucault, *La volonté de savoir, op.cit., et Il faut défendre la société*, Paris, Gallimard/Le Seuil, 1997.

【57】 Michel Auté, *Les Paradoxe du travail social*, Paris, Dunod, 2e éd. 2004.

【58】 Avishai Margali, *La société décente*, Montpellier, Climats, 1999, p.13.

【59】 Laurent Bonelli et Willy Peletier （eds.）, *L'État démantelé*, Paris, La Découverte, 2010, en particulier « le nouveau management public ».

訳者略歴

原山哲（はらやま・てつ）
一九四九年生まれ
東北大学大学院文学研究科単位取得退学
フランス政府給費留学生（パリ高等師範学校）
ベルサイユＳＱＹ大学博士課程修了（社会学博士）
元東洋大学社会学部教授
専門は看護を中心とするケアの組織の日仏比較

山下りえ子（やました・りえこ）
一九六三年生まれ
東京大学法学部卒業
東京大学大学院法学政治学研究科単位修得退学
現在、東洋大学法学部教授
専攻する民法（損害賠償法）のほか、仲裁ＡＤＲ、成年後見人に関する国際・学際研究
主要著書
A. Bihr, N. Tanazawa et al., Les Rapports intergénérationnels en France et au Japon : Études comparatives internationales, L'Harmattan, 2004.（共著）

本書は二〇一四年刊行の『ケアの倫理』第三刷をもとにオンデマンド印刷・製本で製作されています

ケアの倫理
ネオリベラリズムへの反論

二〇一四年二月五日第一刷発行
二〇二五年五月二五日第一〇刷発行

訳者© 原山哲
山下りえ子
発行者 岩堀雅己
印刷・製本 大日本印刷株式会社
発行所 株式会社白水社

東京都千代田区神田小川町三の二四
電話 営業部〇三（三二九一）七八一一
編集部〇三（三二九一）七八二一
振替 〇〇一九〇―五―三三二二八
郵便番号一〇一―〇〇五二
www.hakusuisha.co.jp
乱丁・落丁本は、送料小社負担にてお取り替えいたします。

ISBN978-4-560-50987-6
Printed in Japan